Gregor Sieböck / Martin Weber
WAS FEHLT DIR?

Gregor Sieböck
Martin Weber

WAS FEHLT DIR?

Wenn du gehst ...
dann spürst du den Rhythmus der Erde
unter deinen Füßen

ecoWIN

Gregor Sieböck / Martin Weber
Was fehlt dir?

FSC
www.fsc.org
MIX
Papier aus ver-
antwortungsvollen
Quellen
FSC® C012536

Das für dieses Buch verwendete FSC-zertifizierte Papier
EOS lieferte Salzer, St. Pölten.

1. Auflage
© 2012 Ecowin Verlag, Salzburg
Lektorat: Dr. Arnold Klaffenböck
© Porträtfoto Gregor Sieböck: Margit Atzler
Gesamtherstellung: www.theiss.at
Gesetzt aus der Sabon
Printed in Austria
ISBN 978-3-7110-0027-9

1 2 3 4 5 6 7 8 / 14 13 12

www.ecowin.at

Inhaltsverzeichnis

Einleitende Worte	11
Die Begegnung	13
Martins Weg	16
Gregors Weg	17
Unterhaltung mit dem Menschen	19
Aufbruch in die Freiheit	20
Die Stimme des Herzens	24
Was ist Bewusstsein?	26
Das Wort	27
Zu Fuß in die Welt hinaus	28
Die Intuition führt zum Weg	30
Ein Zelt und ein Paar Wanderschuhe	37
Die Gruppendynamik	38
Ehrlichkeit	39
Besuch bei Willi	42
Unterhaltsames Unterwegssein	44
Holz, unser natürlichster Baustoff	46
Unterwegs in den Bergen	47
Allein unterwegs	49
Julie!	50
Emotionen treten an die Oberfläche	52
Die Porschepilger	53

Artgerechte Ernährung	54
Einheit und Ausgrenzung	56
Dein Potenzial	59
Veränderung	60
Begeisterung	61
Erkenne deine Talente	62
Entscheidung	63
Wanderung in den Süden	64
Gedankenstürme	66
Das Erdbeben	66
Der Weg in den Norden	69
Die Erkenntnisse in den Alltag integrieren	72
Winterreise	73
Der Olymp	76
Das gemeinsame Mahl	77
Auf dem Berg Athos	78
Die Reise nach Ithaka	80
Weggefährten	85
Liebesbeziehung zwischen zwei Menschen	91
Was ist Karma?	92
Die karmischen Spiele	93
Jetzt	94
Die Geschichte von der Geige	94
Die Viererguppe entsteht	96
Die Schule des Lebens	100
Die Kinder – eine philosophische Betrachtung	103
Im Rhythmus der Erde	103
Das Hotel	105

Der Kräutergarten 107
Der Weg in den Osten 108
Authentisch leben 110
Die Geschichte vom Esel und dem Pferd 113
Heil sein 114
Die Nabe und die Speiche des Rades 117
Der Körper 119
Zwischen Suppe und Hauptspeise 121
Zu Fuß durch die Wachau 124
Latinoamerica! 128
Oh, wie schön ist Uruguay! 131
Auf nach Chile 135
Die Schöpfung 138
Die Urkraft 139
Bewusstseinsebenen 141
Patagonia magica 144
Veränderung 150
Gedanken und Vorstellungen 153
Am mächtigen Río Baker 155
Grenzgang 157
Planen oder Geschehenlassen 161
Alles fügt sich 162
In den Amazonas 166
Solares Phänomen – gesehen im Zentrum von Bogotá .. 170

Nachwort und Vorwort 173

Du brauchst nichts mehr zu werden,
du brauchst nichts mehr zu sein,
du bist alles schon geworden,
du wirst es immer sein.

*Für die Weggefährten und alle,
die uns inspiriert und uns Impulse
gegeben haben.*

Einleitende Worte

Wir schreiben ein Buch und gleichzeitig erleben wir dieses Buch! Was wir schreiben, versuchen wir, auch in unseren Alltag zu integrieren, und so nehmen wir dich mit jeder Beschreibung auf die Reise durch das Leben mit. Es ist uns eine besondere Freude, unsere Erlebnisse und unsere Erkenntnisse mit dir zu teilen, ist doch das Leben in all seiner Vielschichtigkeit wahrlich großartig. Es zu lieben ist möglich, gleichgültig, wo es uns hinführt, gleichgültig, wie du denkst, was du denkst, welche Vorstellungen du vom Leben hast, ob du jetzt glücklich oder traurig bist, all das ist das Leben. Leben bedeutet, sich dem Leben hinzugeben und mit dem Leben zu wachsen.

Wir geben dir keine Ratschläge, wie du leben sollst, sondern einfach die Chance, deine eigenen Möglichkeiten zu erkennen und umzusetzen. Beispiele gibt es genug, wie du zu sein hast, doch nur du kannst wissen, welches Leben du leben willst. Jedes Wort, das wir schreiben, ist aus dem Herzen geschrieben, weil nur das Herz versteht, was Leben heißt.

Deine gegenwärtige Situation zeigt dir dein bisheriges Leben, es ist eine Art Zusammenfassung. Das Leben ist Bewegung, es ist Kraft, es will fließen. Jeder Erfolg, den du für dich verbuchen kannst, ist ein kleiner Hinweis, wie es um dich steht. Es gibt Bereiche, wo du erfolgreich bist, aber macht es dich glücklich? Gibt es Bereiche, wo du nicht mehr weiterweißt? Dein Lebensziel ist in deinem Bewusstsein schon aufgeschrieben. Um dorthin zu gelangen, brauchst du keinen Rat, das offene Herz kennt den Weg.

In diesem Buch möchten wir dich auf eine Reise mitnehmen, eine Reise zum eigenen Ich. So manche unserer Erkenntnisse, die wir in den vergangenen Jahren erfahren durften, sind eingewoben in Erlebnisse von unseren Wanderungen. Wir nehmen uns immer wieder Zeit, zu gehen, um dem natürlichen Rhythmus des Zu-Fuß-Unterwegsseins zu folgen. Wir nennen es „auf die Walz" gehen. Wie die jungen Handwerksburschen, die sich einst aufgemacht haben, um bei verschiedenen Meistern zu lernen, ihre Heimat für einige Jahre verlassen haben, brechen auch wir auf. In der Ferne machen wir Erfahrungen, um diese dann daheim anzuwenden. Wir verlassen unsere gewohnte Umgebung und ziehen los; allerdings nicht zu einem Meister, sondern wir versuchen, in uns die Meisterschaft zu entdecken und gehen auf Erkenntnisreise, um uns durch die Erlebnisse des Unterwegsseins selbst immer besser kennenzulernen. So entsteht im Rhythmus des Gehens ein neues, vielschichtiges Bild unseres Selbst, der Erde und des Kosmos.

Wir schaffen Freiräume in unserem Leben, um manchmal auch nur für ein paar Tage loszuziehen. Das Leben gibt uns Kraft. Wir brauchen uns für diese Reise nicht vorzubereiten, es gilt einfach, mit dem Leben zu fließen. Die Reise kann beginnen.

Martin und Gregor

Die Begegnung

„Treffen wir uns einfach im Zug nach Wien. Ich steige in Wels ein und wenn du in Linz zusteigst, wirst du mich sicher finden", schrieb Martin in seiner E-Mail an mich. „Wir brauchen keine Beschreibung von uns, wir erkennen uns!" In dem Augenblick, wo jeder in seine Kraft geht und sein Potenzial lebt, findet man sich.

Der Intercity nach Wien hatte wohl an die zehn Waggons und das Einzige, was ich von Martin, aber auch Martin von mir wusste, war, dass wir uns finden würden! Hinein in den erstbesten Waggon. Abteil reihte sich an Abteil. Ich sah beim Fenster einen Mann sitzen. Er hatte ein verschmitztes Lächeln im Gesicht. Dieser wiederum beobachtete, wie ein Leichtgewicht von einem Bürschchen mit einem riesigen Rucksack, der schwerer und größer schien als er selbst, die Abteiltür öffnete: „Martin?" – „Gregor?"

Wir hatten uns gefunden. Endlich!

Viele Jahre zuvor war ich zu Fuß durch die Weite Patagoniens an der Südspitze Lateinamerikas gewandert. Das Buch „Traumfänger" von Marlo Morgan war in meinem Reisegepäck. Die Geschichte, dass bei den Aborigines Knochenbrüche innerhalb von kurzer Zeit keine Beschwerden mehr bereiten und der Verletzte am nächsten Morgen wieder gehen konnte, faszinierte mich und ich sehnte mich danach, eines Tages einen Aborigine zu treffen, der mir zeigen konnte, wie das möglich war. Gerhard, mein Arbeitskollege, erzählte mir, dass er mit Martin einen Vortrag organisiert hatte. Der Wirt, in dessen Gasthaus der Vortrag stattfand, hatte sich einige Tage vorher die Hand gebrochen und konnte deswegen nicht servieren.

Martin fragte ihn, ob er seine Hand wieder ohne Schmerzen gebrauchen wolle. Der Wirt, der vorerst etwas ungläubig war, willigte ein, und es geschah, was Menschen noch immer für unmöglich halten: Bereits nach wenigen Minuten konnte der Wirt die Hand wieder schmerzfrei bewegen. Martin erklärte ihm: „Der Körper ist ein Informationsfeld und die Hand ein Teil davon. Also muss der ganze Körper und der dahinter stehende Mensch behandelt werden." Als ich diese Geschichte hörte, war ich begeistert und wusste: Endlich hatte ich „meinen" Aborigine gefunden, wenngleich dieser nicht aus Australien, sondern aus der gleichen Provinz kam, in der auch ich wohnte.

Ich wuchtete den Rucksack mit einer Leichtigkeit, die mir Martin nie zugetraut hätte, auf die Gepäckablagefläche über den Sitzen und nahm Martin gegenüber am Fenster Platz. Bereits nach einer Minute wurde mir heiß und ich bekam einen Schweißausbruch. Ich hatte das Gefühl, Martin würde in mein tiefstes Inneres hineinschauen und auf einmal alles von mir wissen. Ich machte innerlich zu und blockte ab. Martin lächelte. Ich fragte mich, was ich denn schon zu verlieren hatte. „Wie soll ich jemanden kennenlernen, wenn ich mich verschließe?" Wenn wir die Scheu verlieren, dass unser Innerstes erkannt wird, ist eine Begegnung möglich. Dann begegnen einander zwei Herzen.

Am Morgen desselben Tages hatte mir mein Freund Karl ein Buch über Quantenphysik zum Lesen mitgegeben. Als Martin das Buch sah, meinte er: „Das ist ja spannend, was du da liest. Ich habe mich gerade heute Morgen zum Quantenphysikkongress in Berlin angemeldet." Die Autoren des Buchs, das ich just an diesem Tag bekommen hatte, waren die Organisatoren genau dieses Kongresses. Begeistert von dieser Synchronizität entschied ich mich spontan, dass ich auch dabei sein wollte, sah ich doch in der Quantenphysik die Möglichkeit, mein bestehendes Weltbild zu erweitern.

Martin fragte mich nach meinem Leben und ich erzählte von meinen Wanderungen in die weite, freie Welt hinaus. Vor ein paar Jahren war ich zu Fuß von Oberösterreich bis nach Neuseeland gewandert, mit Ausnahme der Wasserwege, die ich mit dem Schiff zurückgelegt hatte. „Warum machst du das?", wollte Martin wissen. „Weil ich dann im Einklang mit meinem Sein bin und das Wandern eine wunderbare Möglichkeit ist, um mich und die Welt besser kennenzulernen. Außerdem habe ich einmal gelesen, dass die Ureinwohner Nordamerikas sagen: ‚Eines Menschen Seele kann nur so schnell reisen, wie ihn seine Füße tragen', und dieser Satz gefällt mir." Martin fand diese Aussage spannend und meinte nach kurzem Nachdenken: „Zeit ist ohne Bedeutung, sie ist vielmehr eine Begrenzung unseres Denkens." Unsere aktuelle Gesellschaft ist oft der gegenteiligen Meinung. Das ist wohl genauso ein Paradoxon wie so manch anderes auch! Der „Duden" beschreibt Paradoxon als „scheinbar unsinnige, falsche Behauptung", eine „Aussage, die aber bei genauerer Analyse auf eine höhere Wahrheit hinweist".

Wir haben genügend Zeit.

Wie viel mehr Zeit habe ich in meinem Leben, wenn ich aufhöre, zu bewerten?
Wie viel mehr Zeit habe ich in meinem Leben, wenn ich erkenne, dass ich bereits vollkommen bin?
Wie viel mehr Zeit habe ich in meinem Leben, wenn ich nichts mehr wissen will, da ich erkenne, dass ich bereits alles Wissen in mir trage?
In dem Augenblick, wo ich jemandem gegenüberstehe, schenke ich demjenigen meine ganze Aufmerksamkeit.
Wenn ich im Augenblick bin, dann habe ich Zeit. Sobald ich in Gedanken in der Zukunft bin, verliert der Augenblick an Kraft.

Plötzlich fuhr der Zug in Wien ein: So schnell war uns die Zugfahrt nach Wien noch nie vorgekommen. Beim Abschied wussten wir nur: Wir müssen uns eines Tages wiedersehen!

Martins Weg

„Mein Leben hat sich 1997 verändert. Zu dieser Zeit arbeitete ich bereits als Heilmasseur. Es war im Februar, ich sah den Halleyschen Kometen. Ich spürte: Dieser Komet hat etwas mit mir zu tun. Es war, als ob er mir ein Vermächtnis hinterließ. Kurz darauf konnte ich Energien sehen und wahrnehmen. Ich spürte eine Kraft durch mich fließen, die intensiver war als alles, was ich bis zu diesem Zeitpunkt wahrgenommen hatte. Die Intensität dieser Kraft war für meinen Körper eine neue Erfahrung, und einmal wurde ich von ihr sogar zu Boden geschmettert. Meine Behandlungen und meine Wahrnehmungen veränderten sich."

„Seit dieser Zeit beschäftige ich mich mit allen Formen der Energie. Die Frage, ob es gute oder schlechte Energien gibt, stellt sich nach meiner heutigen Auffassung nicht mehr. Energie ist neutral. Nur durch unsere unterschiedliche duale Sichtweise bewerten wir sie."

„Das Leben ist aufgebaut durch die Schöpfungsenergie. Alles, was ist, alles, was war und alles, was sein wird, ist durch die Schöpfungsenergie belebt. Die Energien aus der Schöpfungsenergie sind Teile, die in der Schöpfungsenergie enthalten sind – vergleichbar mit dem menschlichen Körper, der aus verschiedenen Teilen besteht, aber jeder Teil ist erst durch das Zusammenspiel aller Teile ein Ganzes."

„Die unterschiedlichen Formen der Energie sind im Ganzen enthalten. Ob ich mich aktiv oder passiv bewege, ob ich aufbauende oder belastende Gedanken denke, ob ich traurig bin oder Freude empfinde, all das ist Energie. In den Ausprägungen und ihrer Intensität sind sie unterschiedlich wahrnehmbar."

„Meine Aufgabe sehe ich darin, ein glückliches Leben zu leben. Ich freue mich, wenn ich mich mit Menschen austauschen kann. Ich will Erfahrungen machen, denn ich sehe sie als ein Privileg meines Menschseins. Durch das, was ich bin, unterstütze ich Menschen, sich selbst kennenzulernen. Dadurch können sie ihr eigenes Potenzial erkennen und leben. Die körperlichen Beschwerden, mit denen Menschen zu mir kommen, sind oft nur ein Hinweis auf den Weg, der hinter ihnen liegt. Gedanken der Freude und der Zuversicht sind für mich die besten Wegbegleiter. *Wir sind ein großes Kollektiv. Alles ist mit allem verbunden.*"

„Ich stehe vor einer Tür. Hinter dieser Tür ist das Verborgene, das Neue. Ein Spalt ist geöffnet. Ich bin im freien Flug. Es gibt keine Sicherheit, es gibt keinen Fallschirm, der den Flug bremst. Was erwartet mich? Ich habe Freunde, doch die Freunde verabschieden sich sehr oft, weil ich in ihnen Erkenntnisse auslöse, die sie verunsichern. Viele wollen an Altgewohntem festhalten, weil es ihnen scheinbar Sicherheit bietet. Andere blicken durch den Türspalt und sind bereit, die Tür zu öffnen. Ich tue Dinge, die für manche nicht nachvollziehbar sind, weil sie noch nicht durch den Spalt des Tores sehen wollen. Ich stelle viele Fragen. Die Wahrheit ist keine Wahrheit mehr, die Lüge keine Lüge. Sie sind nicht zu trennen."

Gregors Weg

„Bereits in meiner Kindheit spürte ich eine starke Verbundenheit mit der Erde, die in meiner Jugend noch weiter reifte. Mit der Zeit entstand daraus eine tiefe Liebe zur Erde. Bald sah ich, dass wir Menschen mit unseren Handlungen die Erde ausbeuten und zerstören. So äußerte sich meine Liebe für die Erde anfangs dadurch, dass ich immer mehr für eine intakte UM-Welt und für ein einfaches Leben eintrat. Ich legte den Fokus darauf, die Zerstörung zu verhindern. Aus dieser Tätigkeit erwuchs alsbald ein ausgeprägter Ökofundamentalismus: Ich machte keinen Führerschein, denn Autos sind schlecht. Ich übernachtete im Zelt, denn Luxushotels sind Umweltsünder. Ich wurde Vegetarier, denn Fleischessen beutet die natürlichen Ressourcen aus. Ich stieg in kein Flugzeug mehr ein, denn Flugzeuge sind Erdölschleudern. Ich begann, das vermeintlich „Böse" zu bekämpfen und öffnete dem Kampf die Tür. Vieles lief darauf hinaus: Ich bin der Gute und die anderen sind die Bösen, weil sie die Erde zerstören."

„Als ich zu Fuß um die Welt wanderte und später mit Martin unterwegs war, erkannte ich, dass mich dieser Weg nicht weiterbringt. Durch das Gehen war die Verbindung zur Erde, zur Natur, zu den Menschen und den unterschiedlichen Kulturen ein wesentlicher Bestandteil meines Lebens. Ich erkannte, dass alles miteinander in Verbindung steht."

„Wie kann ich etwas ausschließen oder bekämpfen, wenn ich ein Teil von allem bin?"

„Ich verspüre eine sehr tiefe Liebe zur Erde, doch ich will im Sinne der Verbundenheit allen Seins tätig sein und nichts und niemanden mehr ausschließen. Meine Arbeit führt mich immer mehr in Bewusstseinsbereiche, in denen es keine vorgegebenen Wege mehr gibt, denen ich folgen kann. Auf dem Weg sind keine fixen und eindeutigen Markierungen angebracht, dafür werden die Zeichen, die mir als Indikatoren und Wegweiser dienen, immer klarer, je mehr ich bereit bin, diesen zu folgen. Die Zeichen zu deuten ist mitunter eine Herausforderung, doch wenn ich selbst zum Weg werde, wird das leichter, denn der Weg weiß, wohin er führt."

Unterhaltung mit dem Menschen

Ein Außerirdischer und ein Mensch treffen sich zu einem Erfahrungsaustausch. Der Außerirdische fragt den Menschen: „Erzähl mir einmal, wie ihr so lebt. Was macht ihr? Wie gestaltet sich euer Dasein auf der Erde?"

Der Mensch antwortet: „Unser Dasein beginnt als Kind. Wir leben in Gemeinschaften, aber das ist oft individuell verschieden. Manche leben in einer kleinen Gruppe, andere in größeren Gruppen. Viele leben in großen Ballungszentren, andere auf dem Land. Unsere Erde ist in viele Länder aufgeteilt. Fast jedes Land hat seine eigene Sprache, jedes Land hat eine eigene Regierung. Wir lernen sehr bald, schon als Kleinkinder, wie wir uns verhalten sollen. Wir haben unsere Lehrer, die genau wissen, was wir zu wissen haben. Wir haben unsere Religionen, die uns sagen, was gut ist oder was böse ist. Wir haben unsere Regierungen, die genau wissen, was wir brauchen. Wir haben unsere Wissenschaftler, die ständig forschen, damit wir gesund sind, die uns sagen, was uns fehlt!"

„Ihr braucht eigentlich nichts zu tun, außer den Menschen zu glauben, die euch sagen, was für euch gut ist!", stellt der Außerirdische erstaunt fest. „Ganz so einfach ist das auch wieder nicht", antwortet der Mensch. „Wenn man in einer kleinen oder größeren Gemeinschaft lebt, gibt es verschiedene Interessen. Dadurch können Unstimmigkeiten entstehen. Diese arten oft in Konflikten aus." – „Jetzt muss ich dir eine Zwischenfrage stellen: Was ist ein Konflikt?", möchte der Außerirdische wissen.

„Ein Konflikt entsteht, wenn jeder glaubt, das Richtige zu wissen oder was für den anderen gut ist", gibt der Mensch zur Antwort. „Das verstehe ich jetzt aber überhaupt nicht", meint der Außerirdische. „Ihr werdet doch geschult, wie ihr zu denken habt, was ihr zu glauben habt, wie ihr zu sein habt!" –

„Das stimmt schon", sagt der Mensch. „Doch es gibt die einen, die glauben. Die anderen, die glauben, zu wissen. Und wir Menschen glauben denen, die uns am meisten versprechen. Oder jenen, die sagen, dass sie uns beschützen und vor Unheil bewahren wollen." – „Habt ihr denn keine eigene Meinung?", fragt der Außerirdische irritiert. „Was ist das?", fragt der Mensch.

„Eine eigene Meinung ist, wenn ich niemanden mehr fragen muss, wenn ich niemandem mehr glauben muss, wenn ich selbst entscheide, was für mich selbst wichtig und richtig ist."

„Das ist ja alles gut und schön. Das mag zutreffen, wenn ich für mich allein lebe, aber in einer Gemeinschaft ist das schwerlich umsetzbar", sagt der Mensch.
„Wenn du von einer Gemeinschaft sprichst, welchen Sinn hat die Gemeinschaft, wenn sie außerstande ist, ein Leben zu gestalten, das für alle Beteiligten angenehm ist!"
„Wir sind nun einmal in einer Welt, die durch Konflikte gekennzeichnet ist", meint der Mensch.

Aufbruch in die Freiheit

Meine Sichtweise war ursprünglich davon geprägt, dass ich mich innerhalb der gesellschaftlichen Norm verwirklichen wollte. Mein Ziel war es, Diplomat zu werden, um, wie ich dachte, dadurch in der Welt etwas bewegen zu können. Ich entschied mich zur Vorbereitung darauf, Wirtschaftswissenschaften zu studieren und besuchte in dieser Zeit UNO-Konferenzen und Vorträge von Staatsoberhäuptern aus aller Welt. Ich war fasziniert davon, am Ort, wo Entscheidungen getroffen wurden, dabei sein zu können. Doch während des Studiums bemerkte ich, dass Diplomaten innerhalb der Strukturen, in die sie eingebunden sind, auch nur einen sehr begrenzten Handlungsspielraum haben und berufsbedingt eine Maske aufsetzen.

Warum glauben die Menschen immer wieder, Masken tragen zu müssen? Was und wovor wollen sie sich verbergen? Wer eine Maske trägt, zeigt seinem Gegenüber nie sein Gesicht. Das Gegenüber zeigt auch nicht sein Gesicht. So sitzen Maskenträger einander gegenüber.
Was passiert, wenn die Masken fallen?
Erkenntnisse und Lösungen entstehen nicht allein durch Nachdenken. Nach außen hin wird verhandelt und nach Lösungen gesucht. Doch welche Beweggründe stehen dahinter?
Wenn ich die Maske ablege, mein wahres Gesicht zeige, wenn mir bewusst wird, dass die angestrebte Lösung für alle und für alles ein zufriedenstellendes Ergebnis bringt, dann entsteht die Lösung aus sich selbst heraus. Die Masken abzulegen und die wahren Beweggründe offenzulegen ist eine Herausforderung für alle Menschen. Viele kennen von sich selbst nur ihr Maskenspiegelbild und identifizieren sich immer mehr damit. Dadurch kennen sie ihr wahres Gesicht nicht.

Ich wollte die Welt in all ihrer Vielschichtigkeit erfahren und auch die Zusammenhänge, die den Planeten Erde bewegen, kennenlernen. Das Wirtschaftsstudium war hauptsächlich auf Gewinnmaximierung ausgerichtet und schloss dadurch so viele Facetten, die das Leben auf diesem Planeten lebenswert machen, völlig aus. Aus diesem Grund absolvierte ich noch ein Studium in Umweltwissenschaften und begann, für die Weltbank zu arbeiten. Mein Fokus war darauf gerichtet, die Welt zu verändern und das Wirtschaftssystem ökologischer und sozialer zu gestalten.

Da ich auf meinem Lebensweg möglichst unabhängig sein wollte, dachte ich: „Wenn ich wenig brauche, wenn ich weniger konsumiere, dann bin ich freier. Ich muss weniger verdienen, habe für weniger materielle Dinge Sorge zu tragen und daher mehr Freiräume. Außerdem belaste ich durch einen einfachen Lebensstil die Erde weniger." Diese Einstellung führte dazu, dass ich mich beschränkte und daher meine Freiheit nur bis zur selbst gesteckten Begrenzung reichen konnte. Diese Begrenztheit war nicht nur auf der materiellen Ebene zu finden, sondern drang in alle Bereiche meines Lebens ein. Ich nützte jedoch jenen Teil der Freiheit, den ich für mich erkannt hatte, um zu Fuß in die Welt hinauszuziehen und mich dadurch selbst und das Leben kennenzulernen. Durch die Wanderung und in der Folge auch in der Freundschaft mit Martin konnte ich selbst geschaffene Begrenzungen erkennen und meine Freiräume immer weiter ausdehnen. Da ich in meiner Kindheit und meinem Leben viel allein war, waren mir tief gehende Freundschaften immer sehr wichtig.

Mein Lachen wirkt auf viele Menschen ansteckend und befreiend. Durch das Lachen kann ich Emotionen zum Ausdruck bringen, Spannungen abbauen und verarbeiten. Ich berühre die Menschen über das Lachen. In den Jahren habe ich auch gelernt, mein Weinen nicht mehr zu verbergen und offen zum Ausdruck zu bringen, wenn mich etwas tief bewegt.

Martin wurde in eine arme Flüchtlingsfamilie geboren, die 1944 aus ihrer Heimat vertrieben wurde. Er verbrachte 17 Jahre in Flüchtlingslagern und wuchs ohne seinen Vater auf, was sein ganzes Wesen prägte. Er lebte in einem Milieu, das sich voll und ganz über die Arbeit definierte. Daher war es für ihn wichtig, durch die Arbeit zu einem bescheidenen Wohlstand zu gelangen. Er führte ein Leben, das viele Menschen in unserem Kulturkreis anstreben: Ihm war materielle Sicherheit sehr wichtig, um sich das leisten zu können, was ihm einen gewissen Status und eine materielle Lebensqualität ermöglichte. Aufgrund seiner eigenen Kindheitserfahrungen war es für ihn entscheidend, ein guter Vater zu sein.

Für Martin ist es wichtig, seine Gefühle zu zeigen – gleichgültig, um welche es sich handelt. Sie äußern sich im Weinen, im Lachen und auch als Zorn. Bestimmte Gefühle deutlich zu zeigen, ruft in anderen Menschen unterschiedliche Reaktionen hervor.

Emotionen sind unser größter Reichtum, sie führen uns zu uns selbst.

Martin und ich sind viele Jahre über die begrenzte Freiheit gereift. Jetzt sind wir bereit, durch die Freuden des Lebens, die wir auf unterschiedliche Weise in uns wahrnehmen, zu wachsen. In uns entsteht immer mehr ein Bild. Es ist das Bild eines wilden Flusses. Der Fluss ist zwar in ein Flussbett eingebettet, doch er ist nicht begradigt, einbetoniert oder aufgestaut. Er fließt, wie es seiner Natur entspricht. Er kann das Flussbett auch einmal ausdehnen – über die Ufer treten oder einen neuen Seitenarm eröffnen. Der wilde Fluss steht für uns als Symbol der Freiheit.

Wir üben uns darin, Entscheidungen aus dieser Freiheit heraus zu treffen.

Je freier du bist, desto freiere Menschen ziehst du an. Freie Menschen erkennst du, wenn du selbst frei bist. Du kannst dem anderen nur dann Freiheit zugestehen, wenn du sie auch selbst lebst.

Die Stimme des Herzens

Wir konfrontieren uns gegenseitig mit unseren eingefahrenen Wahrheiten. Wenn wir diese erkennen und genauer betrachten, stellen wir zunehmend fest, dass diese nicht unbedingt etwas Absolutes sind. Es können gängige Moralvorstellungen, sogenannte allgemeingültige Wahrheiten sein, die unser Weltbild bisher ausgemacht und die wir nicht hinterfragt haben. Entsprechen sie jedoch auch unserer inneren Wahrheit? Unsere Erfahrungen und Erlebnisse führen dazu, dass wir versuchen, aus dem Herzen zu handeln.

Die gelebte Weisheit des Herzens ist wie ein Sender, der den Menschen erreicht. Wenn das Herz spricht, dann schweigt der Verstand. Wenn du das, was du bist, als dein wahrhaftiges Sein lebst, kann nur Wahrheit aus dir entspringen. Du findest die Wahrheit, wenn du sie selbst erlebst und erkennst. Dein Sein wird zur Wahrheit. Die Sprache des Herzens ist nur dann verständlich, wenn der Mensch die Stimme des Herzens erkennt.

Man spricht oft von einer inneren Stimme, die wir befolgen sollen. Diese vermeintliche innere Stimme, die du glaubst zu hören, kann dich aber auch in die Irre führen, denn es sind mitunter viele Stimmen, die zu dir sprechen: Du kennst zum Beispiel eine Stimme, die so sanft und glaubhaft erscheint. Es ist die Stimme der Vernunft. Diese Stimme kann dir sehr viel erzählen, denn sie kennt dich ganz genau. Sie weiß all das, was du herbeisehnst. Jetzt tritt sie in Aktion und will sich verwirklichen. Sie kommt mit vielen Argumenten. Gleichzeitig bringt sie ihre Freunde mit. Es ist die Stimme der Unsicherheit, aber noch eine wichtige Stimme hat sie in ihrem Schlepptau. Es ist die Stimme des Gewissens. Die Auffassung, man sollte die inneren Werte, das Gewissen an vorderster Stelle sehen, ist deswegen nicht mehr nachvollziehbar, weil sich die inneren Werte, das Gewissen nach den herrschenden Regeln entwickelt haben. Was sich Menschen ausgedacht haben und daher glauben zu wissen, ist durch Stimmen entsprungen, die jedoch auch ihre Berechtigung haben, weil sie jenen Menschen dienen, die sie erschaffen haben. Folgst du diesen Stimmen, dann kann sich dein Herz nicht mehr bemerkbar machen. Es ist still.

Das Leben bringt uns in Situationen, in denen wir die Wahl haben, uns zu entscheiden. Handeln wir nach unserem Herzen oder nach dem, was wir denken, das andere von uns erwarten? *Handeln wir danach, was andere scheinbar von uns erwarten, setzen wir unser Herz in Unrecht. Das hat zur Folge, dass wir nicht mehr unterscheiden können, was Recht und Unrecht ist, weil wir unser Herz nicht mehr spüren!*

In deinem Zentrum ist die ganze Kraft. Jeder Mensch besitzt dieses Zentrum. Im Zentrum gibt es kein Wollen und Müssen. Aus dieser Kraft ist dein Leben eine einzige Quelle. Im Augenblick, wo dich nichts mehr tangiert, wo du mit deinem Selbst, das zu deinem Zentrum geworden ist, das Absolute erkennst, ist die Ausdehnung deines Bewusstseins im Herzzentrum gespeichert. Bewusstsein ist eine Ausdrucksform unserer Seele, die in ihrer Vollkommenheit in die Unvollkommenheit geht, um auf dieser „Seinsebene" der Materie ihre Erfahrungen zu machen, um ein erweitertes Bild von sich selbst zu erlangen.

Aus der unerschöpflichen Quelle deines Herzens bist du nun nicht mehr getrennt. Dein Leben beginnt durch diese Wandlung. Es ist nicht mehr den Gesetzen unterworfen, denn du selbst bist zum Gesetz geworden. Dein Gesetz ist kein Gesetz der Konfrontation, es ist auch nicht anmaßend, ganz im Gegenteil, es ist weich, voller Vertrauen, es dehnt sich aus. Tiefe Dankbarkeit erfasst dein ganzes Wesen. Aus dir spricht die Freiheit.

In dem Augenblick, wo sich dein Herz über Dinge freut, die dich begeistern, bist du im Zentrum deines Herzens. Es genügen kleine Glücksmomente, die das Herz zum Lachen bringen. Wenn du aus dem Herzen lachst, springt der Funke auf die Herzen rund um dich über, denn die befreienden Schwingungen und Töne sind ansteckend. Tanzen, Berührungen, achtsames Wahrnehmen der Schönheit der Erde, Geschichten erzählen, all das kann unser Herz zum Lachen bringen.

Was ist Bewusstsein?

Im Wort Bewusstsein sind zwei Wörter enthalten, und zwar „Bewusst" und „Sein". Unsere Wahrnehmungen beschränken sich großteils auf unsere fünf Sinne. Außersinnliche Wahrnehmungen sind uns vielfach durch Erziehung und übernommene Glaubenssätze verloren gegangen.

Viele Erkenntnismöglichkeiten gibt es außerhalb unserer fünf Sinne und unseres Intellekts. Diese Erkenntnisse öffnen sich demjenigen, der bereit ist, seine starren und einseitigen Betrachtungsweisen abzulegen, die ihn selbst ausgrenzen. Das Bewusstsein erweitern heißt, dass ich bereit bin, auch Möglichkeiten in Betracht zu ziehen, die derzeit noch nicht zu meinem „Sein" passen.

Unser Körper gibt unserem Bewusstsein die Möglichkeit, einen Zugang zu uns selbst, zu unserem „Ich bin" zu erhalten. *Der Körper ist nichts anderes als eine Manifestation unseres Bewusstseins, das genau diesen Körper braucht, um die Erfahrungen zu machen, welche zum jetzigen Zeitpunkt notwendig sind, um weiter zu wachsen.*

Das Wort

Vieles wird mit ähnlichen Worten gesagt und doch drücken sie Unterschiedliches aus. Alles, was du sagst, alle Worte, die du denkst, fühle sie mit deinem ganzen Sein. Deine eigenen Worte werden in dir lebendig. Auch dein Körper lernt, in jeder Faser seines Seins deine Worte und deine Gedanken zu fühlen. Deine eigenen Worte verschmelzen mit deiner Seele und deinem Körper. Dein Körper wird mit deinen Worten eins. So als ob deine Worte immer schon zu dir gehört hätten. Du empfindest deine Worte nicht als fremd, sondern sie werden ein Teil von dir selbst. Wenn du dies erreicht hast, wenn deine Gedanken und Worte mit dir eine Herzensverbindung eingegangen sind, dann bist du dir ein Stück näher gekommen. Du lernst von nun an, was das Leben ist, erkennst, was dich bewegt und spürst alles Lebendige dieser Welt.

Manchmal wird es dir vorkommen, du bist auf einer neuen Erde, in einer anderen Welt.

Deine Erkenntnis erweitert sich. Es gibt Augenblicke, wo du dich wie in einem tiefen Schlaf mit wirren Träumen fühlst. In diesem „Traum" kannst du die geistige Welt sehen. Du scheinst zu träumen, bist aber hellwach. Du wirst zum Sehenden und zum Fühlenden.

Die Menschen sind mit unterschiedlichen Begabungen ausgestattet. Bist du einer, der alles begreifen muss, dann kann dein Intellekt dir den Zugang zu der Welt des Geistes öffnen.

Die Welt des Geistes ist für jeden offen.

Sobald du beginnst, die Welt des Geistes zu schauen, wirst du strahlen wie die Sonne und dein Bewusstsein wird wie die Sonne aufgehen. Was du bis jetzt als dein Bewusstsein betrachtet hast, wird hingegen untergehen. Vielleicht erkennst du und verstehst du die Bedeutung der Worte besser, die da lauten: „Am Anfang ist das Wort und das Wort ist bei Gott und Gott ist das Wort." Viele haben sich auf den Weg gemacht und glauben, sie müssten etwas erzwingen, aber gerade ein Wollen oder Müssen wird dich nicht die Bereiche sehen lassen, die du gerne sehen möchtest.

Zu Fuß in die Welt hinaus

Es ist Sommer 2008. Martin und ich treffen uns in einem kleinen Lokal in Wien und sind am Beginn einer großen Wanderung. Wir feiern den Aufbruch, möchten wir doch ohne ein fixes Ziel gehen und an den jeweiligen Wegkreuzungen immer wieder aufs Neue entscheiden, wohin uns die Füße tragen sollen. Wir wollen für uns selbst neue Wege gehen, frei von zeitlichen oder gedanklichen Beschränkungen sein und Erkenntnisse gewinnen. Doch bereits zu Beginn der Tour ist genau diese Freiheit infrage gestellt. Hinter meinem Sessel sammelt sich mein Gepäck. Ich habe alles eingepackt, das ich auf dieser weiten Reise ins Ungewisse brauchen könnte: ein Zelt, Schlafsack und Isomatte, einen Campingkocher, Kleidung, Waschzeug und ein kleines Handtuch, Essen, einen Stoß Landkarten, um, wenn es sein soll, in alle Himmelsrichtungen gehen zu können; selbst scheinbar nebensächliche, aber vielleicht doch nötige Dinge wie einen hölzernen Chapatiwender zum Fladenbrotbacken, eine Spiegelreflexkamera und ein ausrollbares Solarpanel, um die Batterien dafür aufladen zu können und, und, und ... Alles ist scheinbar wichtig. Die Freiheit, hingehen zu können, wohin mich meine Füße tragen, ist schwer, zu schwer! Martin sitzt neben mir am Tisch und hat als einziges Gepäckstück nur eine Zahnbürste in seiner Brusttasche eingesteckt. Sonst hat er für den ersten

Wandertag nichts mit dabei. Der Gegensatz könnte kaum größer sein.

Martin hat beschlossen, sich selbst mitzunehmen. „Was brauche ich noch, wenn ich mich mit dabeihabe? Es fängt damit an, dass ich mich selbst betrachte und mir die Frage stelle: ‚Wer bin ich?' Ich sehe meine Weggefährten. Bin ich ein Teil von ihnen, bin ich ein eigener Teil oder sind wir ein großes Ganzes? Was verbindet uns? Was trennt uns? In manchen Situationen spüren wir die Verbindung, in anderen, dass wir getrennt voneinander sind."

Zu einer großen Reise aufzubrechen, erfordert immer die bewusste Entscheidung, das gewohnte Umfeld zu verlassen, scheinbare Sicherheiten aufzugeben und die Bereitschaft, den Weg in allem, was dazugehört, zu gehen. Das ist jedes Mal aufs Neue und für jeden Einzelnen eine Herausforderung, da unterschiedliche Zwänge unser Leben begleiten. Wenn ich erkenne, dass ich selbst es bin, der die täglichen Zwänge schafft, kann ich diese auch wieder auflösen. Sodann breitet sich ein freies Feld aus Möglichkeiten vor mir aus.

Aus der Fülle der Möglichkeiten entsteht.

Keine Möglichkeit zu sehen ist auch eine Möglichkeit. Das Ufer zu sehen heißt aber nicht, den Wunsch zu haben, ans Ufer zu gelangen.

Uns wurde klar, dass wir uns frei und gut fühlen mussten, um diesen Erkenntnisweg überhaupt erst gehen zu können, sonst fehlt einem die Kraft, um sich mit der Ungewissheit vertraut zu machen. Die Wanderung bot dafür eine wunderbare Möglichkeit, hatten wir doch bereits vorher die nötigen Freiräume geschaffen.

Wenn das Leben fließt, wenn es seinen eigenen Rhythmus erreicht hat, dann können wir annehmen, dass wir im Fluss des Lebens mitfließen.

Das Leben als ein Spiel zu betrachten ist für jene Menschen eine Herausforderung, die jede Situation als etwas Absolutes und Endgültiges sehen. Diese Haltung ist verständlich, da das Zusammenleben in der Familie und in der Gesellschaft lange Zeit durch Recht und Unrecht geprägt war und somit über Jahrhunderte im Menschen gespeichert wurde. Brauchen wir noch eine Rechtsprechung, wenn wir in aller Offenheit sagen, was wir zu sagen haben und was wir sagen wollen?

Es gibt eine innere Rechtsprechung, aber sie hat nichts mit dem herkömmlichen Denken von Richtig und Falsch zu tun.

Die Intuition führt zum Weg

Freiheit heißt, alle Bindungen, die uns binden, zu lösen.

Vom Stephansplatz, dem Zentrum Wiens, wanderten wir in Richtung Süden. Zuerst ein kleines Grüppchen, dann langsam immer weniger und am Ende waren wir nur noch vier: Martin, Reinhold, Sylvia und ich. Reinhold hatte sich auch für eine längere Wanderung entschieden. Sylvia war nur bis zum Abend mit dabei. Martin erzählte Geschichten, dass wir die Welt im Inneren finden und dann erst die äußere Welt verstehen können.

Am Abend gingen wir in ein italienisches Restaurant. Ich ließ mich von der Aufbruchstimmung des ersten Wandertages so mitreißen, dass mein Lachen alles übertönte. Martin dachte: „Gregor könnte doch leiser sein, damit sich die anderen Gäste nicht gestört fühlen." Doch es wäre ihm unangenehm gewesen, mich darauf hinzuweisen, weil er meine Euphorie nicht bremsen wollte. Martin war nicht ehrlich zu sich selbst und zur Gruppe. Schließlich wurden wir vom Kellner gebeten, ruhiger zu sein.

Jahre später erkannten Martin und ich, dass es wichtig ist, in jedem Augenblick ehrlich zu uns selbst zu sein und das auch zum Ausdruck zu bringen. Andernfalls entsteht im Energiefeld der Gruppe eine Disharmonie. Es geht nicht darum, jemanden zu belehren, sondern genau das zu sagen, was ich im Augenblick als wichtig empfinde, und nicht aus Rücksicht und Höflichkeit zu schweigen. So lebe ich immer mehr meine Wahrheit.

Gut gelaunt verließen wir das Restaurant und spazierten zur Perchtoldsdorfer Heide hinauf. Umgeben von Weingärten und ausgedehnten Föhrenwäldern bietet sich von der Heide ein einzigartiger Blick auf Wien, wie von einer großen Terrasse aus, wo Schmetterlinge von Blume zu Blume flatterten. Es war ein heißer Tag und wir waren ordentlich ins Schwitzen gekommen. Wir träumten von einer Badewanne, doch wo sollten wir inmitten der Heide eine Badewanne finden? Wir spazierten durch das trockene Gras auf einen Baum zu, unter dem wir unser Nachtlager aufschlagen wollten. Als wir näher kamen, trauten wir unseren Augen kaum. Im Schatten des Baumes stand eine große, betonierte Badewanne! Und als wir am Wasserhahn drehten, floss sogar das kalte Nass! Herrlich!

Nach ausgiebiger Erfrischung stellten wir die Zelte auf. Die Grillen zirpten und Martin meinte: „Sie locken damit die Weibchen an. Wir sollten auch zirpen!" Bevor wir schlafen gingen, schlug ich vor, am nächsten Tag nach Baden weiterzugehen, um dort meinen Freund Hari zu besuchen. Obwohl wir drei ja ohne Ziel unterwegs sein wollten, hatte sich bereits am ersten Tag durch die Hintertür eines eingeschlichen …

Am Morgen ging es wirklich weiter Richtung Baden. Wir standen zeitig in der Früh auf und starteten voller Tatendrang in den Wienerwald, wo sich bereits nach kurzer Zeit die Irrwege auftaten. Einmal wanderten wir gar im Kreis und kamen nach einer halben Stunde wieder beim selben Holzstoß vorbei, den wir bereits vorher passiert hatten. Wir ließen uns aber nicht beirren und irrten weiter! Stunden später kamen wir endlich wieder auf ein freies Feld hinaus. Hinter Weingärten konnten wir ein kleines Städtchen ausmachen. „Das ist wohl Baden!", rief ich voller Begeisterung. Martin gab zu bedenken: „Burschen, der Kirchturm kommt mir bekannt vor." Bei genauerer Betrachtung stellten wir fest, dass wir wieder in Perchtoldsdorf waren. Wir waren also stundenlang im Kreis gelaufen. So lehrte uns der Weg bereits am zweiten Wandertag, dass es keine gute Idee war, einem Ziel nachzulaufen, wenn wir ohne Ziel gehen wollten. Wir waren nicht ehrlich zu uns selbst, missachteten, was wir uns vorgenommen hatten, und kamen zum Ausgangspunkt zurück, um dort aufs Neue anzufangen.

Wir machten kehrt, spazierten wieder in den Wald hinein und schlugen den Weg in Richtung Baden ein, oder zumindest, wo wir Baden vermuteten, denn im Laufe des Tages wählten wir intuitiv immer wieder Abzweigungen, die uns eher von unserem angepeilten „Ziel" wegführten. Ich hatte in meinem Enthusiasmus bereits mit Hari vereinbart, dass wir ihn besuchen wollten. Ich fühlte mich daher verpflichtet, dieses Versprechen einzulösen. Das führte dazu, dass ich mich gebunden fühlte und dadurch mich selbst und alle anderen in ihrer Freiheit einschränkte.

Wie soll man je den Weg zu sich selbst und zur eigenen Wahrheit finden, wenn man sich ständig neue Zwänge auferlegt?

Völlig erschöpft kamen wir am späten Abend in Baden an und suchten gleich einmal Zuflucht in einem Biergarten. Martin wollte keinen Schritt mehr weitergehen. Die Stimmung war angespannt. Hari holte uns schließlich aus diesem Stimmungssumpf heraus. Er kam mit seinem silbergrauen Mercedes angerollt und meinte nur: „Burschen, auf geht's, wir haben groß aufgekocht und alle warten schon auf euch!" Zu Hause gab es eine herrliche Dusche. Beim Abendessen reflektierten wir über den Tag, über Freiheit und Zwänge.

Freiheit ist, wenn du jeden Augenblick entscheiden kannst, was dich frei macht.

Am nächsten Morgen regnete es in Strömen und wir entschieden uns, einen Faulenztag einzulegen. Nach einem fünfstündigen Frühstück, ausgiebiger Siesta und dem abendlichen Festmahl fragte mich Hari schließlich, in welche Richtung wir weitergehen wollten. Ich antwortete: „Zuerst ziehen wir wohl nach Mariazell, dann nach Oberösterreich, weiter in den Westen und irgendwann kommen wir vielleicht in Santiago de Compostela an." – „Das hört sich sehr nach einem Ziel an, ich dachte, ihr habt kein Ziel", entgegnete Hari. Recht hatte er, und doch war es grotesk, dass Hari uns nach einem Ziel fragte, obwohl er ja wusste, dass wir keines haben wollten! Ich bemerkte, wie bei mir der Verstand schon wieder die Oberhand gewann und Sicherheiten einforderte; auch wenn diese Sicherheiten bedingten, dass ich in einigen Monaten wieder dort ankam, wo ich bereits schon fünf Jahre vorher gewesen war: auf dem Jakobsweg in Spanien. Wenn mich der Verstand immer wieder auf ähnliche oder sogar gleiche Pfade lenken wollte, bedeutete das aber auch, dass ich ständig am gleichen Ziel ankam. Immer wieder mehr vom Gleichen!

Wohin sollten wir nun gehen? Martin stand auf und drehte sich im Kreis. Als er stehen blieb, streckte er die Hände nach vorne aus. Hari holte aus einer Schublade einen uralten Kompass hervor. Martins Hand zeigte nach Südosten! Was war dort? Burgenland, Ungarn. Wo würde der Weg hinführen? Das wusste keiner, aber wir wollten uns endlich voll und ganz auf ihn einlassen. Auf nach Südosten. Die Route, die der Verstand ausgesucht hatte, war fürs Erste vergessen. Es war an der Zeit, neue Wege zu gehen, nicht mehr ständig im Kreis zu laufen.

Wie kann ich ein Programm löschen?
Indem ich ein neues Programm darüberschreibe. Indem ich beginne, die Welt mit anderen Augen zu sehen. Indem ich die Weichen anders stelle, beginne ich anders zu handeln und neuen, bisher von mir nicht begangenen Wegen zu folgen. Indem ich mein Denken ändere, ändert sich mein Leben. In dem Augenblick, wo ich immer freier werde, kommt das Ziel auf mich zu. Es fügt sich. Das Ziel findet mich!

In dem Augenblick, in dem du dein Denken für andere Möglichkeiten öffnest, verändert sich dein Bewusstsein. Denkmodelle, die du bisher als absolut erkanntest, haben plötzlich keine Bedeutung mehr. Du bewegst dich auf eine andere Ebene der Bewusstwerdung. Durch diese neue Einstellung zu dir selbst, zur Gesellschaft, zu allgemeinen Dingen, die für dich von Bedeutung waren, werden sie auf einmal bedeutungslos. Neue Erkenntnisse, die dir bisher verschlossen waren, öffnen sich, neue Möglichkeiten tun sich auf. Dein starres Bild der Wirklichkeit weicht einem flexibleren. Du selbst bist in Bewegung, dein Umfeld verändert sich mit dir.

Das Unterwegssein mit Martin brachte vieles in Bewegung und manchmal kam es mir vor, als säße ich in einer Waschmaschinentrommel, die mit 1400 Umdrehungen pro Minute schleuderte. Die alten Konzepte flogen mit einem Schwung von mir weg und das Weltbild, das sich in mir in all den Jahren aufgebaut hatte, verabschiedete sich mit Lichtgeschwindigkeit. Aber auch Martin wurde von meiner Leichtigkeit beflügelt, die ihm andere Sichtweisen aufzeigte.

In meinem Fall geschah der Prozess zwar sprichwörtlich schrittweise, da wir zu Fuß unterwegs waren, aber er hätte in seiner Intensität kaum stärker sein können! Ich war der Meinung, die dreijährige Weltenwanderung nach Neuseeland hätte mich bereits tief greifend verändert, aber beim Start der Wanderung am Stephansplatz in Wien wurde mir klar, dass ich immer noch sehr verstandesgeprägt war. Für mich war der Verstand etwas Absolutes. Nun war es an der Zeit, auch das scheinbar Unmögliche in mein Leben zu integrieren. Die Akzeptanz des Ungewissen und des Unmöglichen war ein wichtiger Schritt zu neuen Erkenntnissen, und diese neuen Erkenntnisse schufen wiederum die Gewissheit, dass diese Wege überhaupt gangbar sein können. Ich gelangte zu einem viel tieferen Verständnis von mir selbst, weil ich mich aufgemacht hatte, die im Verborgenen liegenden Ansichten aufzuspüren. Dabei musste ich bereit sein, mich auf die Ungewissheit einzulassen.

Dieser Weg war für mich anfangs alles andere als einfach! Martin rüttelte an meinem Weltbild und brachte mich mit seiner Aussage „Spüre einmal hinein, was fühlst du?" ganz langsam zur Verzweiflung. Wie sollte ich etwas spüren, wenn ich nichts fühlte? Ich kannte meinen Körper nur über die Bewegung, die Anstrengung und ich hatte auch meine Grenzen ausgelotet. Ich wusste zum Beispiel, dass ich bis zu 70 Kilometer am Tag gehen konnte, aber mit der Auswirkung meiner Gefühle auf den Körper hatte ich mich bisher nur wenig beschäftigt. Martin lebt seine Gefühle intensiv aus und weiß, dass sie sich in seinem Körper auswirken. Das kann sogar bis zur körperlichen Erschöpfung gehen, ohne dass er sich körperlich betätigt.

Eines Tages spitzte sich für mich alles zu: Wir übernachteten in der Burg Lockenhaus, einer alten, angeblichen Templerburg im Burgenland, und jeder von uns schlief in einem anderen Zimmer. Alle Räume hatten unterschiedliche Namen, benannt nach Templerrittern, ehemaligen Burgherren, Gemahlinnen oder hohen Würdenträgern. Jedes Zimmer war einzigartig, unterschiedlich eingerichtet und strahlte eine andere Stimmung aus. Martin nächtigte im Paul-Anton-Zimmer, benannt nach jenem Besitzer von Lockenhaus, der sich in den vergangenen Jahrzehnten sehr für den Erhalt und die Restaurierung der Burg eingesetzt hatte.

Nach dem Abendessen trafen wir uns alle in Martins Zimmer. Martin meinte, im Raum wäre eine eigene Schwingung. Es war, als läge schon jemand oder etwas in seinem Bett. Er forderte uns auf, uns abwechselnd in das Bett zu legen und zu sagen, was wir spüren. Als ich an der Reihe war, konnte ich nichts wahrnehmen. Martin fragte mich wieder: „Was spürst du, Gregor?" – „Nichts!", dachte ich, aber das durfte nicht sein, ich musste ja auch etwas sagen. Auf einmal stieg ein Gefühl in mir hoch und ich dachte: „Martin ist ein Scharlatan, so ein Schwachsinn, das ist ja alles Einbildung!" Das äußerte ich aber nicht, weil ich nicht ehrlich zu mir selbst war. Martin lächelte! Nun wurde mir fast schwindlig: „Kann er etwa auch noch meine Gedanken lesen? Das kann es ja nun nicht sein. Was geht hier ab?" Meine Gedanken, mein Verstand, meine Emotionen rotierten. Ich entschied mich ganz bewusst, dass ich meine Gefühle und Emotionen erkennen wollte, dass auch ich lernen wollte, immer mehr zu fühlen. Der Verstand bewertet ständig, versteht aber die großen Zusammenhänge nicht. Diese großen Zusammenhänge wollte ich endlich für mich erkennen und erspüren! Mit der klaren Entscheidung, spüren zu wollen, öffnete ich selbst den Weg, zu spüren.

Wir gingen jeder in unser eigenes Zimmer schlafen. Martin blieb allein zurück. Er wollte das Licht nicht abdrehen, denn er hatte das Gefühl, als würde er beobachtet. Gänsehaut lief über seinen ganzen Körper. Es war ein mulmiges Gefühl, nichts zu sehen und doch eine Anwesenheit zu spüren. Um Mitternacht beschloss er, er wollte schlafen, egal ob ein unsichtbarer Besuch im Zimmer war oder nicht. Er drehte das Licht ab und schlief ein.

Ein Zelt und ein Paar Wanderschuhe

Tage später gesellte sich Andreas zur Gruppe. Er hatte Martin eine Nachricht geschickt: „Ich habe ein Zelt und Wanderschuhe, wo soll ich hinkommen?" Martin kannte Andreas schon einige Jahre und war mit ihm herzlich verbunden. Andreas und ich fanden gleich einen Draht zueinander. Reinhold und Andi hatten unterschiedliche Auffassungen vom Leben. Sie akzeptierten ihre Gegensätze nicht und konnten einander nicht so nehmen, wie sie sind. Das führte zu Spannungen innerhalb der gesamten Gruppe.

Eines Tages kamen wir an einem Getreidefeld vorbei. Es war gerade Mittagszeit und alle hatten Hunger. Andi hatte eine Idee: Er schnitt ein paar frische Ähren ab und meinte, wir sollten doch Brot backen. Auf einer schönen Wiese machten wir Rast. Andi und Martin lösten die Körner von den Ähren, Reinhold trennte durch kräftiges Hineinblasen die Spreu vom Weizen und ich mahlte mit meiner kleinen Handmühle das frische Mehl. Dann knetete ich den Teig. Reinhold warf den Campingkocher an. Am Ende waren wir zu viert zwei Stunden damit beschäftigt, um gerade einmal vier Chapatis zu backen. Die frischen Fladen schmeckten herrlich und wir genossen jeden Bissen.

In jedem Stück Brot steckt so viel Energie, so viel Kraft und Arbeit. Das lernten wir, allmählich immer mehr zu schätzen und den Wert des Brots durch unsere Dankbarkeit auszudrücken. Oft aßen wir die süßen Brombeeren am Wegesrand. Jede einzelne Beere hat so viel Sonnenenergie gespeichert! Wir bedankten uns beim Brombeerstrauch, dass er die herrlichen Früchte für uns hervorgebracht hatte. Oder der Honig. Die Bienen fliegen tausende Kilometer, um Honig zu produzieren. Wie viele Kilometer stecken da in jedem Löffel Honig? Viele, und aus eigener Erfahrung wissen wir nun, wie anstrengend es manchmal ist, auch nur einen einzigen Kilometer zurückzulegen.

Die Kraft der Dinge, die uns umgeben, können wir vor allem dann aufnehmen, wenn wir uns ihrer bewusst werden: Ein uralter Baum, ein wilder, freier Gebirgsbach, ein glühender Sonnenuntergang, ein milder Windhauch, aber auch eine strahlende Blume können uns dann Energie spenden, wenn wir ihnen Aufmerksamkeit schenken. Ein anderer Mensch kann uns dann inspirieren und Freude schenken, wenn wir in ihm die Freude wecken. Schönheit, Lebensfreude und Glück gibt es zur Genüge auf dieser Welt, die Frage ist, ob wir sie erkennen oder nicht.

Das bewusste Wahrnehmen stellt eine Beziehung her, indem ich dem anderen meine volle Aufmerksamkeit gebe. Das kann jeder, und zwar sofort. Dazu brauche ich nicht reich zu sein, dazu brauche ich keine besondere Ausbildung. Es geht einfach und allein darum, meinem Gegenüber Aufmerksamkeit zu schenken. Durch das Gegenüber kommt die Kraft der Potenzierung zu tragen. Ich kann im anderen das stärken, was in mir selbst stark ist, sodass es im anderen wächst. Natürlich funktioniert die Aufmerksamkeit nicht nur bei den Menschen, sondern auch in der Natur. Auch Heilkräuter werden stärker und kräftiger, wenn wir ihnen Beachtung schenken. Ich bin liebevoll zu mir und meiner Umgebung – was soll mir da noch geschehen?

Die Gruppendynamik

Seit dem Start in Wien war es eine Herausforderung, in der Gruppe unterwegs zu sein. Vor allem deswegen, weil ich zu Beginn der Tour immer wieder alle Freunde, die mitgehen wollten, willkommen hieß. Einerseits fehlte mir damals noch der Mut, „Nein" zu sagen, andererseits war ich auf meiner Weltenwanderung nach Neuseeland sehr viel allein unterwegs gewesen. Ich sehnte mich nach Gemeinschaft. Es kamen Freunde vorbei, die sich schnell wieder aus dem Staub machten.

Bald bemerkten wir, dass jede Gruppe eine eigene Dynamik hat, je nachdem, wer mit dabei ist. Manchmal floss alles harmonisch, doch dann entstanden gespaltene Lager. Für Martin und mich steht das Verbindende im Vordergrund. Wir waren ständig dabei, die Differenzen auszugleichen. Damit hatten wir alle Hände voll zu tun und fanden wenig Muße, um auf den Weg oder den Augenblick zu achten. Wir erlebten, dass der Großteil der Gruppe zwar ähnlich schwingen konnte, aber ein einziger Teilnehmer genügte, um die Einheit zu durchbrechen. Schon waren der harmonische Austausch und der Gesprächsfluss gestoppt.

Es dauerte drei Jahre, bis ich Martins Hinweis „Du bist immer dir der Nächste und niemand ist wichtiger als du selbst" begriff und in die Tat umsetzte. Ich bemerkte, dass ich bisher eine völlig andere Sichtweise vertreten hatte: „Zuerst die anderen! Ich muss schauen, dass es meinen Mitmenschen gut geht und dann wird es auch mir gut gehen!"

Doch was geben wir unseren Mitmenschen, wenn wir selbst nicht im Reinen mit uns sind?

Wenn ich mein Leben lebe, es liebe und mich selbst respektiere, strahle ich Liebe und Selbstwert aus. Dadurch kann ich Menschen in ihrem Lebensprozess unterstützen.

Ehrlichkeit

Eines Morgens wanderten wir bei einer Truthahnfarm im Burgenland vorbei. Die Tür stand offen und wir sahen, wie die Tiere auf engstem Raum zusammengepfercht waren. Martin und Andi mussten sich bei dem Anblick übergeben. Stunden später gingen wir in einen kleinen Laden, um Essen einzukaufen. Wir fragten die Ladenbesitzerin, woher die Eier kämen, und diese meinte, aus einem großen Zuchtbetrieb in der Nähe. Nach dem, was wir am Morgen erlebt hatten, konnten wir unmöglich diese Eier essen. Wir erzählten der Frau von unserem Erlebnis. Die Ladenbesitzerin entschuldigte sich für einen Augenblick, schwang sich auf ihr Fahrrad und kam einige Minuten später mit einem vollen Korb frischer Eier zurück. Sie hatte diese bei der Nachbarin geholt, die freilaufende Hühner hielt.

Das bereitete uns große Freude! Ob die Eier aus kontrolliert biologischer Tierhaltung kamen oder nicht, spielte in diesem Fall keine Rolle. Wir wussten, woher die Eier kamen und dass die Hühner frei herumliefen.

Wir kauften noch Gemüse und dann schlug uns die Ladenbesitzerin vor, bei einem der Bauern im Ort einen Sack Kartoffeln zu kaufen. Dort angekommen, kamen wir mit der Jungbäuerin ins Gespräch, die von ihrem großen Schweinemastbetrieb erzählte. „Sehen die Schweine je in ihrem Leben die Sonne?"

Die ganze Bauernfamilie laborierte an gesundheitlichen Problemen. Die Jungbäuerin hatte Knieschmerzen, der Bauer starke Rückenprobleme und die Oma trat überhaupt mit einer Schachtel Tabletten vor die Wanderer. Sie meinte, der Arzt hätte ihr 16 verschiedene Tabletten verschrieben, die sie einnehmen müsse. Jedes halbe Jahr kam eine weitere hinzu. Martin riss der Geduldsfaden: „Dir ist nicht bewusst, dass du die Erde verschmutzt! Du nimmst eine Tablette nach der anderen, ohne nachzudenken, ob das überhaupt sinnvoll ist. Dann scheißt du das Gift wieder aus und alles geht in den Kreislauf der Natur!"

Stille. Betroffenes Schweigen.

Die Frau wirkte nicht verstört. Im Gegenteil: Sie schien erleichtert über die Deutlichkeit der Worte. Die Worte, deren Kraft sich durch die Emotion verstärkt hatte, waren angekommen.

Martin behandelte alle Familienmitglieder energetisch. Es zeigte sich, dass ihr Gesundheitszustand direkt mit ihrer Arbeit verbunden ist. Er hängt davon ab, wie sie mit den Tieren umgehen. Man kann nichts getrennt sehen. Die Bauernfamilie schenkte uns dankbar einen Sack Kartoffeln.

Wir wanderten weiter. Einer unserer Wandergesellen schluckte selbst Tabletten und entschied, sich von unserer Gruppe zu verabschieden. Die Vehemenz, mit der Martin bestimmte Aussagen trifft, missfällt manchen Menschen; sei es, weil sie sich sanftere Impulse wünschen oder weil sie sich persönlich angegriffen fühlen.

In Reinholds Fall tat der heftige Impuls eine andere Wirkung. Im Hinblick auf seine lange Wanderung hatte er medizinisch für alle Eventualitäten vorgesorgt und trug eine Menge Medikamente im Rucksack. Bei der nächstbesten Gelegenheit packte er alle Medikamente in eine Schachtel und schickte sie nach Hause.

Kommunikation ist Austausch. Im Fall eines Angriffs kann ich mich umdrehen oder mich der Konfrontation stellen und schauen, ob Kommunikation möglich ist. Ein Austausch entsteht, wenn die Bereitschaft vorhanden ist, dem anderen zuzuhören und die Aufmerksamkeit auf die jetzige Situation zu lenken. Es bleibt jedem selbst überlassen.

Die Begegnung machte uns alle betroffen und gleichzeitig wurden wir beflügelt. Wir flogen richtiggehend weiter. Im Wald trafen wir einen Förster, der fragte, wohin wir wanderten. Spontan rief ich: „Nach Palermo, wir gehen nach Palermo!" Bevor der Förster irgendetwas entgegnen konnte, waren wir schon über alle Berge. Durch die Ereignisse hatte sich eine Gruppendynamik gebildet. Wir fühlten uns leicht, als ob eine Last von uns abgefallen wäre.

Besuch bei Willi

Es begann zu dämmern und gerade als wir aus dem Wald hinaustraten, wuchsen am Wegesrand ein Dutzend Parasole – nur zum Abschneiden aufgereiht. Wir schnitten einige für eine Schwammerlsauce ab und zogen dann frohen Mutes in das nächste Dorf ein. Am Ortseingang begegneten wir einem Bauern, der neben seinem großen Traktor stand. Wir kamen ins Gespräch. Der Bauer erzählte aus seinem Leben: „Die Maschinen wurden in den vergangenen Jahrzehnten immer größer, um schneller und effizienter arbeiten zu können. Die schweren Geräte verdichten den Boden, was die Mikroorganismen zerstört, die für die Auflockerung und das natürliche Gleichgewicht zuständig sind. Eine Folge daraus ist, dass viel Kunstdünger verwendet wird, um trotzdem den Ertrag zu steigern." Er ließ mit dem Satz aufhorchen: „Die Maschinen bringen uns noch einmal alle um!" Was für eine Aussage!

Als wir in das nahe gelegene Dorf kamen, fragten wir eine Frau, wo wir unsere Wasserflaschen anfüllen könnten. Sie führte uns zum Dorfbrunnen und stellte uns bei dieser Gelegenheit auch gleich den Bürgermeister vor, der gerade des Weges kam. Willi schüttelte uns allen die Hand und er erweckte den Eindruck, dass er sich über die Begegnung sehr freute.

Willi lud uns ein, auf der Freiluftbühne im Ort das Nachtquartier aufzuschlagen. Es wäre gerade eine Musicalaufführung und die Bühne würde am Abend nicht benötigt werden, da die Vorstellung erst in einigen Tagen begann. Wir sollten doch gleich nebenan in Ruhe das Abendessen kochen und uns im Anschluss in seinem Weinkeller einfinden. Wir wären seine Gäste! Zum Glück hatten wir bereits, bevor wir uns in den Weinkeller begaben, unser Nachtquartier aufgeschlagen und die Schlafsäcke ausgerollt, denn wir sollten aus dem Keller so schnell nicht wieder herauskommen.

Wir nahmen um einen großen ovalen Tisch Platz. Jeder Holzsessel hatte eine hohe Lehne. Wir fühlten uns wie die Ritter der Tafelrunde, auf Staatsbesuch beim Bürgermeister Willi. Er kredenzte uns seine besten Weine. Wir philosophierten und freuten uns, dass wir endlich jemanden gefunden hatten, mit dem wir über die Erkenntnisse des Unterwegsseins reden konnten.

Die Stimmung steigerte sich, bis schließlich noch zwei weitere Gäste kamen. Angezogen von der lockeren Stimmung, nahmen sie in der Runde Platz. Einer der Herren erhob sein Weinglas. Ich saß ihm gegenüber. Ich beobachtete, wie plötzlich das Glas aus der Hand des Mannes geschmettert wurde. Als ob eine unsichtbare Kraft ihm von unten einen starken Stoß versetzt hätte, flog es zuerst in die Luft und zerbrach dann in tausend Scherben auf der Tischplatte. Der Mann war völlig verstört, entschuldigte sich, doch Willi beschwichtigte: Es wäre halb so schlimm. Die Scherben waren schnell weggeräumt und ein neues Glas wurde herbeigeschafft. Das Fest nahm seinen Lauf, bis schließlich einer der beiden Gäste Martin fragte: „Wer bist du?" Martin antwortete: *„Ich bin, der ich bin. Vieles kann man nur dann erfassen, wenn man sich als ewig und als Ganzes betrachtet. Die Bruchstücke des Glases haben dir gezeigt, dass etwas Ganzes in viele Teile getrennt wurde, die aber zusammengefügt wieder ein Ganzes ergeben. So ist es auch mit uns Menschen, wir sind ganz, wir sind geteilt, um uns wieder als das Ganze zu erkennen."* Der Mann, der Martin die Frage gestellt hatte, war nun verstört. Er spürte, dass hinter diesen Worten ein tiefer Sinn steckte, aber er konnte das Gefühl nicht zuordnen. Martin schwächte ab und meinte: „Versuche nicht zu verstehen, was du spürst und wenn du willst, vergiss wieder alles, was du gehört und gespürt hast." Wir tranken noch den Wein aus und verkrochen uns dann in unseren Schlafsäcken auf der Theaterbühne. Es kam uns vor, als ob wir uns auf der Bühne des Lebens niederließen.

Am Morgen weckte uns der Bürgermeister und lud uns im Gasthaus zu einem Frühstück ein. Er erzählte uns, was er in dem kleinen Ort veränderte: Er hatte ein im ganzen Bundesland einzigartiges Dorferneuerungskonzept ausgearbeitet, das Ökologie mit Sozialem, mit Lebensqualität, Lebensfreude und wirtschaftlichen Aspekten verknüpfte. Die Kirche ließ er nach dem Brutzyklus der Fledermaus renovieren, um die Fledermäuse, die im Dachstuhl lebten, möglichst wenig zu stören. Den Handymasten hatte er aus dem Ortszentrum an die Peripherie verbannt. In der örtlichen Schule und im Kindergarten regte er an, dass sich die Kinder mit Artenschutz beschäftigen. Seither wird in jedem Schuljahr einem Wildtier der Region besondere Aufmerksamkeit geschenkt, sei es dem Hasen, dem Fasan oder dem Fuchs. Dadurch lernen die Kinder, mit der Natur zu leben. Auch der Fluss, der durch den Ort fließt, war noch vor einigen Jahren komplett leer gefischt. Nach und nach hatte Willi die gesamten Fischereirechte erworben und unter Beratung eines Ökologen aus einem Wildgewässer Oberösterreichs die im Bach einst heimischen Flusskrebse geholt und diese wieder eingesetzt. Seither wächst mit jedem Jahr der Artenreichtum im Fluss. Willi sprach von Plänen, den ganzen Ort mit erneuerbaren Energiequellen unabhängig von Erdöl zu machen. Der Mann hatte Visionen und die Begegnung berührte uns tief. Aus seinen Worten entnahmen wir, dass sich Willi für das Wohl der Gemeinde einsetzte. Wir werden den Besuch bei Willi und seine unvergleichliche Gastfreundschaft nicht vergessen!

Unterhaltsames Unterwegssein

Beim Durchwandern eines kleinen Dorfes baten wir einen älteren Herrn um Wasser. Er wollte wissen, wie lange wir schon auf Wanderschaft wären. „Bereits seit zwei Wochen", woraufhin der Mann meinte: „Ihr seid ja noch so jung. Wenn man jung ist, dann geht alles leicht, aber ich bin schon älter." Erst jetzt fiel ihm auf, dass einer von uns wahrscheinlich in seinem Alter war. Ich beobachtete, wie sich seine Miene veränderte, und so antwortete ich ihm, während ich auf Martin wies: „Ja, der ist unser Jüngster! Er ist ständig bereit, sich zu verändern und neugierig auf das Leben." Für Martin ist es wichtig, sich mit jungen Menschen auszutauschen, denn diese stellen die Weichen für die Zukunft.

Bei einem Gewitter flüchteten wir in einen nahen Wald und suchten Schutz vor einem heftigen Regenschauer. Martin und ich standen uns unter einem Regenschirm gegenüber. Plötzlich versetzte Martin etwas einen starken Stoß und er taumelte. Neben uns lag ein Rehbock. So schnell konnten wir jedoch gar nicht schauen, da war er auch schon wieder aufgesprungen und in den Büschen verschwunden. Erst jetzt bemerkten wir, dass wir auf einem Wildwechsel standen. Der Rehbock war von der Wiese in den Wald gesprungen und hatte nicht mit uns gerechnet. Mit voller Wucht landete er auf Martin, wobei der Rucksack zum Glück wie ein Airbag wirkte.

Einige Stunden später fand die Rehbockgeschichte auch noch ihre unerwartete Fortsetzung. Wir waren unterwegs nach Schlaining, dem nächstgelegenen Ort, wollten aber nicht auf der Hauptstraße gehen und folgten daher einem Forstweg durch den Wald. Der Wald wurde alsbald dichter, der Schotterweg verzweigte sich und zog sich schier endlos über einen Bergrücken. Als es dunkel wurde, fragten wir uns, ob wir im Wald unser Zelt aufschlagen oder doch noch weiterziehen sollten. Die Aussicht auf ein warmes Abendessen und ein kühles Bier spornte uns an, weiterzugehen. Wir kamen an einem Hochstand vorbei und der Jäger schimpfte zu uns herunter: „Was macht ihr um diese Zeit noch im Wald? Ich zahle pro Jahr 10.000 Euro Jagdgebühren und ihr spaziert einfach durch mein Revier." Fast wollten wir ihm schon unser Erlebnis mit dem Rehbock erzählen, der, obwohl wir keine Jagdgebühren bezahlten, beinahe in Martins Rucksack gesprungen war. Wir besannen uns jedoch und fragten nur höflich: „Bitte, wo geht's hier nach Schleiming?" Martin hatte aufgrund des Weges, der sich ewig weit zog, den Ort inzwischen schon auf Schleiming umgetauft. Das wiederum erheiterte den Jäger und er gab uns nun bereitwillig Auskunft. Als wir endlich den Wald verließen und zu einem Gasthaus am Wegesrand kamen, kehrten wir auf ein Bier ein. Kurz vor Mitternacht erreichten wir endlich Schlaining und fielen glücklich ins Bett. Was für ein Tag voller Überraschungen und Rehböcke!

Holz, unser natürlichster Baustoff

Zwei Wochen waren vorbei und Martin reiste heim. Der Abschied fiel mir schwer, waren wir doch in den gemeinsamen Wandertagen Freunde geworden. Außerdem hatten wir uns gegenseitig inspiriert, den eigenen Weg zu gehen. Wir begannen alte Gewohnheiten zu hinterfragen, dadurch konnte Neues wachsen.

Ich zog mit Andreas und Reinhold weiter in den Süden. Andreas' ungewöhnliche Betrachtungsweise war dabei für mich inspirierend und regte mich zum Nachdenken an, während Reinhold sich eher darüber ärgerte. Eines Nachmittags wanderten wir an einer Baustelle vorbei. Ein Wohnhaus wurde gerade mit einem künstlichen Dämmstoff isoliert und ein Maurer rief uns zu: „Macht auch was Ordentliches, Burschen, helft mit und wandert nicht einfach nur in der Gegend umher!" Andi meinte: „Was ist schon ordentlich und glaubst du, es ist besser, was du machst? Durch die Kunstisolierung blockierst du den Energiefluss im Haus und gleichzeitig verhinderst du den Austausch mit deiner Umwelt. Man kann das Haus auch mit Naturmaterialien dämmen."

Ich hatte Umweltwissenschaften studiert und während des Studiums wurde das Isolieren von Gebäuden gepriesen, um Energie einzusparen. Auch ich empfand wie Andi: „Wir wollen einen Lebensraum schaffen, in dem man sich wohlfühlt, der mit der Außenwelt kommuniziert. Wie könnte das gelingen?"

Es dauerte einige Jahre, bis ich darauf eine Antwort bekam. Wieder einmal führte das Leben Regie. Ein Freund bot Martin und mir an, unser Buch in seinem Holzhaus zu schreiben. Während des Schreibens am Buch spiegelte das Wetter oftmals unsere Stimmung wider. Wir hatten Tage mit über 35 Grad Celsius Außentemperatur, an denen es im Haus trotzdem angenehm kühl war. Das Haus weist eine perfekte Wärmedämmung auf und kommuniziert mit der Außenwelt. Es ist aus reinem Holz ohne jegliche Chemie, wie Holzschutzmittel, Leim oder Klebstoffe, gebaut. Das Besondere an dem sogenannten Holz100-Haus ist, dass in ihm der Zauber und die Schwingung des Baumes gewahrt bleiben. Man nimmt das Haus mit allen Sinnen auf, man fühlt sich geborgen und im Einklang mit der Erde und dem Kosmos.

Wenn das Haus nach Jahrhunderten seinen Zweck erfüllt hat, kann es entweder der Erde zurückgegeben oder wiederverwendet werden. Es ist somit in den natürlichen Kreislauf des Lebens integriert.

Unterwegs in den Bergen

Wir folgten den Alpen in den Westen. Bei herrlichem Wetter durchquerten wir die Dolomiten und schliefen fast jede Nacht im Freien. Das Zelt hatten wir längst nach Hause geschickt, denn es war ein wunderbarer Sommer, in dem uns wochenlang

Sonnenschein begleitete. Am Abend rollten wir den Schlafsack auf einer Isomatte aus und genossen das Millionen-Sterne-Hotel. Vor dem Einschlafen schweifte mein Blick immer hinauf zum Sternenhimmel. Oft suchte ich das Sternbild des Orion. Bereits in meiner Kindheit hatte mir mein damaliger Schulfreund Herbert verschiedene Sternbilder gezeigt, denn die Sterne übten auf ihn eine besondere Faszination aus. Jenes Sternbild, das mich seither am meisten begeistert, ist der Orion: Es sind drei Sterne in einer Reihe, die von vier weiteren Sternen umgeben sind. Sie gleichen vier mächtigen Wächtern.

Während ich in den Himmel blickte, ließ ich die Erlebnisse des Tages noch einmal vor mir ablaufen und schlief zufrieden ein. Das Schönste war, mitten in der Nacht aufzuwachen und direkt aus dem Traumland in die unendlichen Weiten des Sternenreichs einzutauchen. Wenn mir die ersten Sonnenstrahlen ins Gesicht schienen, stand ich auf, legte den Schlafsack zusammen und kochte ein Frühstück. Ein neuer Tag konnte beginnen.

Meistens gab es kein Ziel mehr, der Weg entstand von selbst. In der Mittagshitze hielten wir Siesta, suchten uns einen Schattenplatz und wenn die Kühle des späten Nachmittags Einzug hielt, wanderten wir noch ein paar Stunden. Gerade die Zeit vor Sonnenuntergang hüllte die Erde in ein magisches Licht. Ich bewunderte nicht nur die Lichtspiele, wo Schatten und Licht ineinander verschmolzen, sondern ließ den Blick auch durch die Lande schweifen, um einen guten Schlafplatz für eine weitere Nacht zu finden. Ich nächtigte gerne unter uralten Bäumen, weil diese viel zu erzählen haben, schlief aber auch am Waldsaum, am Rande einer Almwiese oder hoch oben auf einem Gebirgspass.

Tiefe Täler breiteten sich unter mir aus und ich stellte wieder einmal erstaunt fest, wie weit man zu Fuß kommt, sieht man doch manchmal sogar dorthin zurück, von wo man viele Stunden zuvor in der Früh losgewandert ist.

Allein unterwegs

Nachdem mich wochenlang Freunde begleitet hatten, wanderte ich allein durch das Tessin, die Südschweiz. Mit der Zeit erkannte ich, dass ich nie allein bin: „Alleinsein beinhaltet das Wort mit allem eins sein, und wenn ich erkenne, dass alles in Beziehung zueinander steht, bin ich niemals allein. Die Welt, in der ich lebe, ist nicht nur mit Menschen besiedelt, sondern auch die Tierwelt ist ein Teil von mir selbst, die Pflanzenwelt ist mit mir verbunden und die Welt der Mineralien ist auch eine besondere Welt. Die Mineralienwelt hat eine andere Beständigkeit, sie hat kein Zeitbewusstsein. Mineralien sind Informationsträger, sie nehmen auf und geben ab. Die Erkenntnis, dass ich mit allem in Beziehung stehe, ist die Befreiung aus der Einsamkeit."

In einer Vollmondnacht nächtigte ich auf einer Alm. Mitten in der Nacht schrak ich durch ein sonderbares Geräusch auf. Es schien, als käme es aus einer längst vergangenen Zeit und es hörte sich wie das Rattern eines verwunschenen Holzfuhrwerks an – doch dann raschelte auch noch das Gras ganz in der Nähe meines Schlafplatzes. Ich blickte auf: Zwei mächtige Hirsche waren gerade in einen heftigen Revierkampf verwickelt und schlugen, ein paar Schritte entfernt, mit einem wilden Getöse aneinander. Nach langem Hin und Her begann einer von den beiden inmitten der Vollmondnacht zu röhren. Es war ein Ausdruck seiner Präsenz: Hört alle her, hier bin ich. Dieser Ausdruck der Präsenz ist auch für jeden Menschen wichtig – mit aufrechter Haltung zu zeigen: Seht her, ich bin hier.

Ich spürte, wie wichtig es war, zumindest einen Abschnitt des Weges allein zu gehen. Ich konnte meinen eigenen Rhythmus finden und in der Stille die Natur viel intensiver wahrnehmen, mich über die scheinbar kleinen Dinge am Wegesrand erfreuen, wie eine Blume oder einen Schmetterling, der mich ein Stück begleitete. Trotzdem spürte ich, dass ich einfach gerne mit Freunden unterwegs bin. Die Zeit des einsamen Wolfes, der ich jahrelang war, als ich allein durch die Lande streifte, ist für mich vorbei. Ich tausche mich genauso wie Martin gerne mit Freunden aus. Wir können zwar zwischendurch schweigend gehen, aber es bereitet eine große Freude, Glücksmomente zu teilen und sich auch in den Augenblicken des Zweifels nicht einsam zu fühlen.

Julie!

Julianna kam wieder vorbei! Sie hatte mich bereits einige Tage in den Dolomiten begleitet und in einem kleinen Dorf in Frankreich hüpfte sie eines Abends voller Freude aus dem Zug. Die gemeinsamen Wandertage waren erfüllt: Bunte Herbstwälder und Weingärten säumten unseren Weg. Auf den Reben hingen noch viele Trauben, welche die Winzer für Vögel, Wildtiere und Vagabunden übrig gelassen hatten. Die Trauben versüßten unsere Wanderung genauso wie eine Großpackung Schokolade, die uns mein Freund Sepp Zotter per Post geschickt hatte. Wir lebten wie Gott in Frankreich, hielten oftmals Picknick mit Schokolade, süßen Trauben und Croissants. In den kleinen Bäckereien am Wegesrand erstanden wir frische Baguettes und ein singender Käsehändler verkaufte uns ein halbes Kilo Butter, damit wir wegen der langen Etappen unsere Kalorienreserven wieder aufbauen konnten.

    Die Liebe und Muße hatten uns geküsst und so erschien die Welt nochmals in bunteren Farben. Wir wanderten bei herrlichem Sonnenschein über Wiesen und durch ausgedehnte Wälder und verbrachten viele Stunden damit, Erfahrungen aus unserem Leben auszutauschen. Wir konfrontierten uns immer wieder mit aktuellen Themen aus Gesellschaft, Beziehungen, Politik und Wirtschaft. Abends schlugen wir unter uralten Eichen, in Weingärten und einmal in einer wilden Sturmnacht in einem Fichtenwald unser Zelt auf.

Wir staunten gemeinsam über die Schönheit der Erde. Auch die unscheinbaren Dinge zu beobachten, bereitete uns Freude. Auf einmal waren elf Tage vorbei und Julianna reiste nach Österreich zurück. Abschiednehmen ist für mich, aber auch für Martin mit Wehmut verbunden: Wird man sich wiedersehen oder ist es ein Abschied für längere Zeit? Trennen sich die Wege? Ein Wechselspiel aus Leere, Einsamkeit und Dankbarkeit für die vergangenen Tage prägte die Stunden nach Juliannas Abreise. Jetzt, wo ich wieder allein unterwegs war, fiel es mir erst auf, wie lang mittlerweile die Nächte geworden waren: dunkel, schwarz und im Zelt ohne Stirnlampe beinahe nie enden wollend. Der Winter hielt Einzug und ich sehnte mich nach Licht, Wärme und Liebe.

Ein kalter Schneewind blies mir ins Gesicht, als ich früh am Morgen aus der Basilika von Vézelay südöstlich von Paris trat. Meine Gedanken waren noch bei der morgendlichen Andacht und den wundersamen Gesängen der Mönche und Nonnen, doch kaum war ich im Freien, hörte ich auch schon ein lautes Geschnatter am Himmel. Hunderte Wildgänse waren gerade auf dem Weg nach Afrika und flogen über die Kirche hinweg. Vor mir spazierte ein junges Paar. Als beide die Wildgänse sahen, begannen sie voller Freude über den Vorplatz der Basilika zu tanzen. Ach die Liebe, glücklich, wer sie im Herzen trägt! Ich entschied spontan, die Wanderung zu beenden, und reiste zu Julianna nach Wien.

Emotionen treten an die Oberfläche

Der Frühling zog ins Land und die frischen Knospen und hellgrünen Blätter, die Blumen und der warme Wind lockten Martin und mich wieder in die Natur hinaus. Diesmal war Gottfried auch mit dabei und wir wanderten auf dem Jakobsweg durch Tirol. Gottfried ist Versicherungsvertreter, in seiner Freizeit gerne in den Bergen unterwegs und seit Jahren einer unserer guten Freunde.

Für mich begann die Tour sogleich bewegt. Kurz vor der Abreise hatte ich einen Brief von Emily bekommen, einer Frau, die mein Herz tief berührt. Sie schrieb über ihre Beziehung, die sie auch noch Jahre später in ihrem tiefsten Inneren aufwühlte. Die Gefühle wurden an die Oberfläche getragen, einem stillen Ozean gleich, unter dem ein Vulkan ausbricht und der einen Tsunami auslöst. Dieser Tsunami der Gefühle erreichte mich nun und setzte meine Emotionen und meinen Körper in Aufruhr.

Als ich von meiner Beziehung mit Emily erzählte, blieb Martin stehen und zeichnete mit seinem Wanderstock eine Linie in den Schotterweg. Er fragte Gottfried und mich, was das zu bedeuten habe. Gottfried antwortete: „Es ist eine Ziellinie", und ich meinte: „Für mich ist es eine Startlinie." – „Sehr gut", gab Martin zu verstehen. „Es ist eine Ziellinie und gleichzeitig eine Startlinie. Ihr könnt euch entscheiden, was sie für euch bedeutet oder ob sie beides gleichzeitig ist. Was dich aufwühlt und berührt, kannst du als Starthilfe für deinen bevorstehenden Weg nützen. Jener Brief, der diese Emotionen hervorgerufen hat, löst nicht nur Gefühle aus, sondern hat auch Auswirkungen auf deinen Körper."

Ich drehte mich um. Hinter uns türmten sich schwarze Gewitterwolken, vor uns strahlte die Sonne in ihrem hellen Licht. „Es ist Zeit, zu gehen und gehen zu lassen", dachte ich mir und trat über die Startlinie, doch am Abend holten mich die Gefühle, die Emilys Brief ausgelöst hatte, noch einmal ein. Ganz plötzlich bekam ich 40 Grad Fieber und verbrannte in diesem Prozess sprichwörtlich die damit verbundenen Emotionen. Bei vielen Menschen passiert der Prozess nicht auf diese Weise, sondern die Gefühle werden in Form von Blockaden im Körper deponiert. Sie warten darauf, gelöst zu werden oder treten in einer verstärkten Form zutage, wenn eine ähnliche Situation wieder auftritt. Letzteres wird als Krankheit bezeichnet und kann sich in unterschiedlichen Symptomen zeigen.

Ich spürte, wie die Reinigung nicht nur auf einer geistig-spirituellen, sondern auch auf der körperlichen Ebene geschah. Am Morgen war ich wieder fit und frohen Mutes und fühlte mich so richtig erleichtert.

Die Porschepilger

Gleich am Anfang der Tour hatte Gottfried mit einer befreundeten Hotelchefin aus Saalbach ausgemacht, dass sie am Abend für eine energetische Behandlung bei Martin vorbeikommen könnte. Wir waren den ganzen Tag zu Fuß unterwegs. Als wir in einem kleinen Ort auf der Suche nach einer Unterkunft waren, kam die Hotelchefin mit ihrer Tochter zusammen in einem großen Porsche vorbei. Die Damen meinten, wir sollten doch einfach bis zu unserem Quartier mitfahren. Gottfried hatte bereits die Zimmervermieterin angerufen, dass drei Jakobswegpilger bei ihr vorbeikommen, und so wartete diese schon vor der Haustüre auf uns. Sie blickte sehr verwundert, als sie uns drei Pilger aus dem Porsche aussteigen sah. Spontan rief ich ihr zu: „Hier sind wir, die Porschepilger!"

Artgerechte Ernährung

Am nächsten Tag war Essen das Gesprächsthema. Essen ist eines der Grundbedürfnisse der Menschen, aber was und wie viel wir essen, hängt von unterschiedlichen Faktoren ab. Das Bedürfnis ist, satt zu sein. Sattsein geht mit Zufriedenheit einher. Der Körper reagiert nicht nur auf physische Nahrung, sondern auch auf die emotionale Nahrung. Man kann vor einem vollen Teller verhungern.

Der Hunger ist nicht das Problem in der Welt, es geht darum, was zum Hunger führt. *Die Menschheit ist hungrig nach ... Die Menschheit ist durstig nach ...* Wir sind hungrig nach Aufrichtigkeit, nach Klarheit, nach Wertschätzung, nach Anerkennung ... Wir sind durstig nach Gerechtigkeit, nach Verbundenheit, nach Gleichheit, nach Erneuerung ... Nicht nur die physische Nahrung macht uns satt oder löscht unseren Durst.

Woran kann ich mich überfressen?

Mit allem, was mich unzufrieden macht. Meine nicht gelebten Bedürfnisse machen mich hungrig und dann „überfresse" ich mich, um den Hunger zu stillen. Das kann verschiedene Auswirkungen im Körper haben. Die einen werden dick, die anderen dünn. Die einen nehmen zu, die anderen nehmen ab.

Und nun zur physischen Ernährung: *Was tut mir in diesem Augenblick gut?* Wenn wir weniger Bezug zu unserem Körper haben, kennen wir unsere Bedürfnisse nicht mehr und richten uns danach, was uns die Werbung oder Ernährungsexperten empfehlen. Es gibt kein eigenes Empfinden mehr. Manche Menschen, die für sich etwas erkannt oder gelernt haben, fühlen sich dazu berufen, diese Erkenntnis für allgemeingültig zu erklären. Die Auffassung, jeder Mensch müsste so oder so sein, entspringt der Sichtweise von demjenigen, der diese Auffassung vertritt.

Es gibt Menschen, die durch vegetarische Ernährung gesund bleiben und alt werden. Genauso gibt es Menschen, die Fleisch essen und gesund bleiben und alt werden. Welche Information ist im Fleisch? Wie werden die Tiere gehalten? Werden die Tiere artgerecht gehalten? Kühe fressen Gras, würden aber von sich aus nie Fleisch fressen. Trotzdem werden sie in der „modernen" Landwirtschaft mit Kraftfutter aus vermahlenen Tierresten gefüttert.

Es gibt auch eine artgerechte Pflanzenhaltung. Sind Monokulturen eine artgerechte Pflanzenhaltung? Wer bestellt und erntet das Feld und wie werden diese Menschen behandelt? Wer verkauft die Nahrungsmittel?

Es macht einen Unterschied, in welchem Bewusstsein man kocht. Kocht man mit Liebe? Ist man gestresst? Ist man wütend? Selbst wenn man immer die scheinbar gleichen Nahrungsmittel kocht, haben sie trotzdem eine andere Wirkung auf denjenigen, der sie isst.

Mit welcher Dankbarkeit wird gegessen?

Auch die Aussage, jeder müsse mindestens drei Liter Wasser pro Tag trinken, kann nicht verallgemeinert werden. Jede Art von Chemie setzt sich im Körper fest und die Organe haben das Bestreben, dasjenige wieder abzubauen, was ihnen nicht entspricht. Auch Emotionen setzen sich im Körper fest und müssen wieder ausgeschwemmt werden. Wasser ist neutral und hat eine ausgleichende, reinigende Wirkung.

Ein jeder kann nur für sich selbst Experte sein, für sich selbst erkennen und ausprobieren, was ihm guttut. Je besser wir unseren Körper kennen, desto klarer wird die Antwort ausfallen. Auch der Ernährungsweg hat Wegweiser, ich darf für mich selbst erkennen, welchen Weg ich gehen will. Jeder

Mensch ist unterschiedlich, daher gilt es, selbst zu erkennen, was mir guttut oder was mir nicht guttut.

Die Tiere und die Naturvölker, die nicht in Kontakt mit der sogenannten zivilisierten Gesellschaft gekommen sind, haben ein natürliches Essverhalten. Sie essen und trinken dann, wenn sie hungrig oder durstig sind. Sie essen und sie trinken, was ihnen ihr Lebensraum bietet. Wir können lernen, dieses natürliche Gefühl dafür, was wir brauchen und was wir nicht brauchen, zu wecken.

Die drei Wanderer kamen zu dem Schluss, dass sie viel weniger brauchten, wenn sie bewusst und achtsam essen. Das wollten sie am Abend gleich ausprobieren, doch das Experiment ging voll und ganz daneben, denn das Essen schmeckte ihnen gerade an diesem Tag besonders gut. Jeder von ihnen bestellte sich einen Teller Suppe, dann eine deftige Hauptspeise, und weil sie die gemeinsame Wanderung feiern wollten und sie sich so sehr des Lebens freuten, aß jeder auch noch zwei Palatschinken zur Nachspeise: so viel dazu, dass sie nur die Hälfte an Essen brauchten. Ich erkannte dabei, dass eben jeder Tag unterschiedlich war. *Zu generalisieren und Aussagen zu treffen wie „Ab jetzt werde ich nur mehr ..." und „Ab jetzt werde ich nie mehr ..." schließt aus, dass ich mich weiterentwickle. Ich lenke meine Aufmerksamkeit auf die Zukunft statt auf das Jetzt und versperre mir gleichzeitig einen möglichen Weg zur Veränderung.*

Einheit und Ausgrenzung

Die bunten Blumenwiesen, die wärmenden Sonnenstrahlen, die wunderbaren Kaffeepausen am Vormittag, die Begegnungen unterwegs, all das zusammen regte uns zu spannenden Gesprächen an. Eine Frage bewegte Martin: „Warum wollen wir die Welt immer anders sehen, als sie ist? Wir wollen sie verändern und mitunter glauben wir, dies könnte am besten über den Kampf und Ausgrenzung geschehen. Das schafft jedoch nur noch ein größeres Ungleichgewicht. Ich bin gegen etwas, was ich selbst nicht lebe. Da alles auf der Welt miteinander verwoben und verbunden ist, kämpfe ich nur gegen mich selbst, wenn ich gegen etwas im Außen ankämpfe. Wie ein Gärtner, der sich mit dem Garten identifiziert und dadurch den Garten in Harmonie bestellt, können auch wir die Welt gestalten, da wir Mitschöpfer sind. Die Einheit ist der Schlüssel. Es gibt nichts, was außerhalb der Einheit ist. Jeder Weg führt zum Ziel, doch die Schöpfung hat kein Ziel, sie erschafft sich immer wieder neu. Sie ist ewig und somit ein ewiger Kreislauf."

Apropos Garten in Harmonie bestellen: Während Martin und ich genau diese Zeilen im Buch schreiben, beginnt die Hausmeisterin des Hotels um 21.30 Uhr bei Dunkelheit den Rasen neben unserer Terrasse zu mähen. Durch den Lärm fühlen wir uns gestört und können nicht mehr weiterschreiben. Martin bittet die Dame, sie solle doch am nächsten Tag mähen. Außerdem gäbe es geräuschlose Handrasenmäher für den kleinen Garten, doch die Frau lässt sich bei ihrer Tätigkeit in keiner Weise beirren. Das sind scheinbare Kleinigkeiten, wo sich ein Aggressionspotenzial aufbaut. Die Herausforderung ist, die Aggressionen zu erkennen, aber sie nicht aufzunehmen, denn bei nächster Gelegenheit kommen sie in einer verstärkten Form wieder zurück. Das Aggressionspotenzial wächst in dem, der es aufnimmt. Die kleinen Geschichten erhalten immer mehr Nahrung, je öfter man sie erlebt.

Wenn du an einer Wegkreuzung ankommst, verzweigen sich zwei oder mehrere Wege. Jener, der nicht mehr begangen wird, verwuchert, verschwindet langsam. Du musst diesen Weg nicht bekämpfen, denn indem er nicht mehr begangen wird, verschwindet er wie von selbst und der begangene Weg erwacht zum Leben.

Der Fluss des Weges führte uns zu einem Fünfsternehotel. Zu diesem Zeitpunkt hatte ich noch eine richtige Aversion gegen Luxushotels: So viel dazu, dass alles eine Einheit ist, eine Einheit, zu der natürlich Fünfsternehotels genauso dazugehören. Das Schöne an unseren Erkenntnisreisen ist, dass wir sogleich eine Gelegenheit bekommen, um die gewonnenen Erkenntnisse in den Alltag umzusetzen – oder eben feststellen können, dass wir noch nicht bereit sind, dies zu tun. Als wir nun beim Hotel Halt machten, äußerte ich meinen Unmut und meinte: „Das Fünfsternehotel brauche ich nicht." Anstatt zu antworten, schlug mir Martin mit der Hand auf den Rücken und sagte mir dann in aller Deutlichkeit: „Warum schließt du das Fünfsternehotel aus? Warum schließt du Komfort in deinem Leben aus? Sei doch offen dafür und beobachte, was daraus entsteht!"

Martins Fuß begann leicht zu schmerzen. Mit jeder Stunde wurden die Schmerzen größer. Der Fuß schwoll an, doch Martin hatte sich den Knöchel weder verstaucht, noch war er ausgerutscht. Schließlich konnte er überhaupt nicht mehr gehen und wir beendeten die Wanderung. Wenn Verletzungen ohne äußere Einwirkungen auftreten, gibt es viele Ebenen, die dafür verantwortlich sein können. Eine bestimmte Ebene kann mir etwas mitteilen und das manifestiert sich im Körper. Es gibt Ebenen außerhalb unseres Denkens, die auch mit uns kommunizieren und uns Hinweise geben. Wenn wir die Hinweise nicht verstehen und erkennen, sendet uns der Körper Signale: zum Beispiel, du brauchst jetzt Ruhe. Es geht nicht nur um äußere, sondern auch um innere Ruhe, darum, in die eigene Kraft zu gehen. *Die eigene Kraft zu aktivieren heißt, alle belastenden Gedanken und Emotionen zu verändern.*

Zeichen zu erkennen ist wichtig für den, der sich entscheidet, den Weg der Wahrhaftigkeit zu gehen. Wenn ich keine Geheimnisse mehr habe, bin ich wahrhaftig.

Dein Potenzial

Warum leben Menschen nicht ihr Potenzial? Weil sie es nicht erkennen. Du kannst dein Potenzial nicht erkennen, wenn du dich selbst nicht kennst. Du kannst dich nur kennenlernen, wenn du dich selbst lebst, wenn du lebst, was dich ausmacht! Es beginnt mit dem tiefen Wunsch, sich selbst kennenzulernen. Nichts bleibt mehr verborgen für den, der bereit ist, das Verborgene zu erkennen. Es ist nicht möglich, den Erkenntnisweg zu gehen, wenn ich Teile davon ausschließe, die ich nicht sehen will. Gleichzeitig birgt der Erkenntnisweg das Geschenk, dass dieser Weg zu Freude, Glück und einem erfüllten Leben führt.

Menschen sehen, dass es Martin und mir auf unserem Weg gut geht, und bringen dann gerne den Einwand: „Es kann ja nicht jeder so leben wie ihr." Das stimmt, aber darum geht es nicht. Wir leben unser Leben, wir versuchen, unseren ganz persönlichen Weg zu erkennen und ihn konsequent zu gehen. Für jene, die sagen, sie können nicht so leben, schaut der Weg mitunter ganz anders aus als unserer.

Wenn du dich als einzigartig siehst, dann brauchst du dich mit niemandem mehr zu vergleichen. Wozu? Dein Leben gestaltet sich von selbst. Neue Bereiche und Herausforderungen kommen auf dich zu!

Es ist im Sinne der Schöpfung, dein ganzes Potenzial zu leben und auszustrahlen. Du liebst dich, wenn du dein Lebenspotenzial ausschöpfst und dich wertschätzt! Es braucht Mut, aus den unzähligen Wegen, die es gibt, den eignen zu erkennen und diesen auch zu leben – doch warum nicht mutig sein?

Es gilt, sich in den Fluss des Lebens hineinzubegeben und in ihm zu schwimmen. Der Lebensfluss ist dann am stärksten, wenn du in deinem Programm bist. Du programmierst das Programm selber. Wenn du dich selbst lebst, dann bist du im kosmischen Fluss der Schöpfung. Freiheit heißt, du lebst dich selbst. Die Freiheit ist wie ein wilder Fluss, der sich dahinschlängelt, er ist spannend, aufregend, bereichernd, er ist ungezähmt, frei, voller Lebensfreude, er kennt keine Begrenzung und er überwindet alle Hindernisse. Er ist manchmal sanft und manchmal bedrohlich und er kann auch über die Ufer treten.

Veränderung

Es kann sein, dass der Mensch nur einen Teil seines Potenzials lebt. Dieser Teil ist irgendwann ausgeschöpft. Das Leben ist ein ständiges Werden und Vergehen. Wenn es nichts mehr zu tun gibt, wenn die Möglichkeiten ausgeschöpft sind, wenn sich der Mensch nur auf das Aufrechterhalten der gegenwärtigen Situation konzentriert, ist der Zeitpunkt gekommen, wo eine Veränderung geschehen kann. Eine Veränderung ist eine Herausforderung, aber gleichzeitig der Weg zu einer Vervollständigung der sich neu entwickelnden Persönlichkeit. Was die Welt in der jetzigen Situation braucht, sind Menschen, die „ganz" sind, die ihre eigene Persönlichkeit erkennen und leben. Aus den vielen Erfahrungen, die die Menschheit gemacht hat, war es immer der Einzelne, der sich aus eigener Kraft befreite, um seine wahre Stärke zu leben.

Ein Festhalten an Gewohntem kann eine Art trügerischer Sicherheit geben, doch die Sicherheit ist wie ein Kartenhaus, das bei dem geringsten Windstoß zusammenfällt. In einer Lebensphase, wo es scheinbar nichts mehr gibt, was lebenswert oder veränderungswert ist, kann sich die Veränderung durch schmerzvolle Lebenssituationen ergeben, etwa durch den Tod eines Angehörigen oder eines geliebten Menschen. Aber auch Trennungen von Gewohntem, ob es räumliche Trennungen oder Trennungen von Menschen sind, können dem Leben einen neuen Schwung geben. Die Ursache von Leid und Krankheit entsteht dadurch, dass die Ausweglosigkeit einer Situation zwar gespürt, aber nicht beachtet wird. Es wird einfach im gleichen Trott weitergelebt, bis das Leben selbst einschreitet, um den ewigen Fluss des Lebens zu gewährleisten. Einzelne Schicksale mögen manchmal traurig oder tragisch erscheinen, aber wir sehen oft nur jenen Teil, der uns selbst betrifft. Aus einer allumfassenden Sicht bleibt uns vieles verborgen.

Begeisterung

Wenn dir etwas widerfährt, das dich kränkt, dann hat es nur bedingt mit dir selbst zu tun. Diese Situation hat auch mit demjenigen zu tun, der dir scheinbar die Kränkung zugefügt hat. Nimm die Kränkung nicht persönlich, sondern erkenne in dieser Situation, dass auch andere Kräfte in deine jetzige Lage hineinspielen. Die unterschiedlichen Wünsche und Lebenssituationen, in denen du dich befindest, finden ihren Ausdruck im aktuellen Zustand. Jene Menschen, mit denen du im Augenblick in Beziehung stehst, zeigen dir, was für dich gerade wichtig ist. Jetzt überlege einmal: Was begeistert dich? In dem Augenblick, wo du erkennst, was dich begeistert, kannst du aus der Kränkung heraustreten und durch die Energie der Begeisterung, die du ausstrahlst, ziehst du noch mehr Begeisterung an. In diesem Zustand der Begeisterung ist dir das möglich, was du in einem gekränkten Zustand niemals erreichen würdest. Deine Ausstrahlung dehnt sich aus, erfasst dein Umfeld, potenziert sich und erreicht jene Menschen, die auch im Gefühl der Begeisterung sind.

Alle Kräfte wollen dir dienen. Auch jene Kräfte, die du am liebsten von dir weisen würdest, ziehst du durch deine Ausstrahlung an. Sie sind dir genauso dienlich wie Kräfte, die du als angenehm empfindest. Das Wesen der Begeisterung ist das Leben selbst. Das Leben führt dich dorthin, wo du das Leben spürst, denn du fließt mit dem Leben. Du siehst Dinge, die du sonst nie sehen würdest, die dir verschlossen wären, wenn der Geist der Begeisterung sich in dir öffnet. Wenn du dich öffnest, erwachsen Möglichkeiten, die du nur zu nützen brauchst. Alles, was du in diesem Zustand tust, steigert die Begeisterung. Die Begeisterung macht dich zu einem Spieler, zu einem Tänzer und zu einem Lebenskünstler.

Erkenne deine Talente

In dem Augenblick, wo du deine Talente erkennst, kannst du den Fokus darauf richten. Es fällt dir leicht, authentisch zu sein. Du bist stabil und selbstsicher, weil du von dem überzeugt bist, was du tust. Die Vergangenheit hat keine Bedeutung mehr, du bist gegenwärtig und gestaltest deine Zukunft. Es ist, als ob du neu geboren wärst. Was du bisher gelebt hast, wie du gelebt hast, ist wie eine Nebelwand, die durch die Strahlen der Sonne aufgelöst wird. Du stehst im Licht, es gibt nichts mehr, was dich beunruhigt. Menschen, denen du begegnest, fühlen deine Kraft und deine Ausstrahlung, sie begegnen dir mit Wohlwollen. Jetzt ist der Augenblick, wo du dich erkennst. Jetzt ist die Gelegenheit, wo du dich selbst lebst. Aus der Freude am „Tun", am „Gestalten" ziehst du die schöpferischen Kräfte an, die dich unterstützen, es gibt nichts mehr, das dich hindert, in deine Kraft zu gehen.

Beobachte dich selbst, wann du am glücklichsten bist. Du bist es, wenn du etwas geschafft hast, wenn du mit Menschen beisammen bist, die wie du von ihrem Tun und ihrem Leben begeistert sind. Es ist einfach, glücklich zu sein, wenn es kein Müssen, kein Pflichterfüllen und keine Kräfte gibt, die gegen dich sind.

Dein neues Leben lebst du im Sinne der Wahrhaftigkeit und alle deine Mitmenschen, aber besonders deine Angehörigen gestalten ihr eigenes Leben. Es gibt kein Gegeneinander, sondern vielmehr ein gegenseitiges Akzeptieren und Verstehen. Jetzt darf sich der Geist der Erneuerung ausbreiten. Du darfst für dich die Zeichen erkennen, sie sind nicht zu übersehen.

Deine Berufung ist aus dir selbst entstanden, als du erkanntest, dass es dich schwächt und dir einen Teil von deiner Herzenergie nimmt, wenn du ständig gegen etwas bist. Die Freuden deines Daseins finden dich dort, wo du in dir ein ständiges Lächeln fühlst. Gegenteilige Auffassungen hörst du dir an, sie bauen aber keine Widerstände in dir auf, weil dein ganzes Wesen so eingestellt ist, dass du für jeden Menschen das Beste willst!

Entscheidung

Eine Frage, die viele Menschen beschäftigt, ist die: „Habe ich Einfluss auf mein eigenes Leben oder wird alles von einer höheren Macht, die außerhalb von mir ist, gesteuert?" Eine für deinen Verstand gültige Antwort gibt es nicht. Dein Gefühl weiß, dass du es selbst bist, der entscheidet. Was du als außerhalb von dir erkennst, ist aber auch in dir.

Fällt es dir schwer, dich für etwas zu entscheiden? Viele Entscheidungen triffst du vielleicht nicht, weil du glaubst, damit könntest du andere Menschen beleidigen oder ihnen sogar wehtun. Dieses Nicht-Entscheiden hat jedoch tiefere Gründe:

Eine neue Situation könnte entstehen, die eine totale Veränderung mit sich bringt. Etwas Neues, etwas noch Unbekanntes macht unsicher. Gleichzeitig steckt darin ein großes Potenzial, wenn du jede Situation als eine Herausforderung und als ein Geschenk siehst. Bereust du hingegen eine Entscheidung oder fürchtest du dich vor ihren Konsequenzen, dann ist es vermutlich besser, in der alten Situation zu bleiben. Sonst führt die Angst Regie und fließt in die neue Situation mit ein.

Wenn du eine Entscheidung triffst, gilt es voll und ganz, dahinter zu stehen. Die bewusste Entscheidung setzt Kräfte frei, die dir helfen, die Entscheidung umzusetzen. Wenn du dein Leben und Tun eigenverantwortlich in die Hand nimmst, bist du kein Opfer mehr, sondern kannst dein Leben aktiv gestalten. Du wirst zum Schöpfer deines eigenen Seins. Du denkst etwas und diesem Denken gibst du Kraft. Es ist gleich einem Funken, der ein Flammenmeer entfacht. Dieses Flammenmeer kann alles zerstören und gleichzeitig kann auf der fruchtbar gemachten Erde Neues gedeihen. Du erwachst. Der Tag beginnt, du streckst dich, dehnst dich aus und die Sonne erhellt dein Gesicht. Es ist ein Aufbruch!

Keine Macht der Welt kann dich zwingen, etwas zu tun oder nicht zu tun. Du kannst jetzt die Entscheidung treffen, Neues zu denken und Neues für möglich zu halten. Es gibt viele Wege – du gehst jetzt deinen Weg!

Wanderung in den Süden

Martin und ich hatten davon geträumt, im Frühling zusammen durch Italien zu wandern, aber aufgrund seines angeschwollenen Fußes, der ihn noch drei Wochen nach der Wanderung auf dem Jakobsweg durch Tirol begleitete, konnte Martin nicht mitgehen. So machte ich mich ohne Martin auf, dem Weg in den Süden zu folgen. Manchmal begleiteten mich Freunde ein Stück des Weges, dann wanderte ich wieder allein. Als ich zum Apennin aufstieg, überraschte mich ein Wolkenbruch, der den Weg in eine Schlammpiste verwandelte. Ich rutschte hin und her, war patschnass und schließlich überglücklich, als ich in einer Scheune neben einem Restaurant im Trockenen meinen Schlafsack ausrollen konnte. Der Wirt lud mich zu einem heißen Kamillentee ein – es war für mich einer der besten Kamillentees aller Zeiten! Ich genoss es, in der warmen Stube zu sitzen, und verkroch mich dann richtig selig im gemütlichen Schlafsack.

Am Morgen schien wieder die Sonne. Ich stieg 900 Meter in einen kleinen Ort im Tal ab, wo gerade Markttag war und Festtagsstimmung herrschte. Ich freute mich, unter Menschen zu sein und stieg dann wieder allein zur Cabana del Partigiano, der einsamen Partisanenhütte inmitten des Apennins auf. Es war eine spartanische Hütte, mit einem Steinboden, einem einfachen Kamin, aber ich war über ein Dach trotzdem froh, denn bald nach meiner Ankunft zog ein heftiges Gewitter über die Berge. Ich zündete eine Kerze an und schaute in die Flamme. Dabei bemerkte ich, dass die Gedanken immer weniger von mir Besitz ergriffen und ich in eine entspannte Ruhe kam. Es war eine Art Meditation, die für mich nichts Außergewöhnliches war, die auch keine Technik von mir verlangte, sondern ich richtete nur die Aufmerksamkeit auf die Flamme. Dadurch nahm ich die Flamme in mich auf und es kam mir vor, als ob das Feuer meine Gedanken, die oft sehr beherrschend sein konnten, verbrannte. Draußen stürmte es, aber in der Hütte und in meinem Inneren entstand eine wohltuende Stille. Es gab für mich nichts zu tun. Es war bereits dunkel und meine ganze Betätigung bestand nur darin, in die Flamme zu schauen.

Gedankenstürme

Viele leben in ihrer Gedankenwelt, sodass sie keinen Zugang zu sich selbst und zur äußeren Welt finden. Sie werden von den Gedanken beherrscht. Die Gedanken drehen sich wie ein Karussell, es kommt nichts dabei heraus, man wird bestenfalls schwindlig.

Stell dir vor, du fährst in einem kleinen Boot über das Meer. Es zieht ein starker Sturm auf, der sehr hohe Wellen entstehen lässt. Emotional bist du nur damit beschäftigt, dass du den Sturm überlebst. Darüber hinaus versuchst du zu verhindern, dass dein Boot sinkt. Plötzlich schwappt auch noch Wasser über die Reling und du musst das Wasser ausschöpfen. Du hast alle Hände voll zu tun. Du bist hin und her geworfen und der Körper reagiert: Dir wird schlecht. Deine ganze Energie ist auf den Sturm gerichtet und darauf, wie du mit dem Sturm umgehst.

Hat sich das Meer hingegen beruhigt, werden deine Gedanken ruhiger und du hast wieder die Möglichkeit, dich auf die Weiterfahrt zu konzentrieren. So ist es auch mit den Stürmen des Lebens. Wenn du in einen ruhigen Zustand kommst, kannst du wieder die Fahrt aufnehmen. Nur in der Stille erzeugst du die notwendige Herzenergie, die dich mit dem Ganzen und mit deinem eigenen Selbst in Verbindung treten lässt. In dieser Stille hat auch dein Körper die Kraft, sich selbst so zu aktivieren, dass er seine Zellen in einen Zustand der Regeneration bringt.

Das Erdbeben

Als ich weiter südlich auf dem Franziskusweg den Spuren des Heiligen Franz von Assisi folgte, war ich verwundert, dass mir jeden Tag eine Schlange begegnete. Einmal blickte ich einer gelb-schwarz gefleckten genau in die Augen, weil sie in den Zweigen eines Strauchs verweilte, dann wieder kroch eine giftig grüne direkt vor meinen Füßen über den Weg und wieder ein andermal lag eine grau-schwarze eingeringelt am Wegesrand. Ich dachte nach und kam zu der Überzeugung, dass die Schlangen mir etwas sagen wollten. Ich hatte schon gehört, dass sie für Veränderung stehen, aber mir kam auch der Gedanke, dass die Schlange die Weiblichkeit versinnbildlicht.

In der Pilgerherberge von Assisi begegnete ich Angela. Angela hatte vor vielen Jahren den Franziskusweg ins Leben gerufen. Ausgerüstet mit einem Kübel gelber Farbe und einem dicken Pinsel wanderte sie durch Umbrien, um einen Wanderweg zu markieren, der die Wirkungsstätten des Heiligen Franz von Assisi verbindet. Sie fand malerische Pfade. Nun führte sie die Pilgerherberge in Assisi und empfing jeden Wanderer mit ihrer überschwänglichen italienischen Lebensfreude. Sie kochte die reinsten Köstlichkeiten für alle Pilger, die des Weges kamen, und erzählte auch von ihrem neuen Projekt, einen Wanderweg von Assisi zum einige hundert Kilometer entfernten Monte Sant'Angelo zu gestalten. Dieses Heiligtum, das dem Erzengel Michael geweiht ist, ist ein wahrlich magischer Ort hoch oberhalb des Meeres.

Spontan entschied ich mich, meinen Weg dorthin fortzusetzen. Es hatte sich also doch wieder ein Ziel eingeschlichen, obwohl ich frei gehen wollte. Schon begann ich zu planen: Wie lang der Weg wohl sei, wie viele Kilometer ich am Tag gehen musste, um es bis zum Meer zu schaffen und trotzdem rechtzeitig heimzukommen. Ich begab mich in den Trott. Wie in früheren Zeiten machte ich lange Etappen. Gleich zweimal hintereinander ging ich 60 Kilometer an einem Tag. Als ich am zweiten dieser Monstertage bei Regen, Nebel und Wind von einer Hochebene abstieg, stolperte ich und fiel mit voller Wucht Kopf voran auf meine Stirn, schlug mir dabei auch noch Knie und Hände wund und der Rucksack trug das seine dazu bei, dass der Sturz noch vehementer ausfiel. Es war ein deutliches Zeichen, dass ich nicht im Einklang mit mir selbst war und ich einen Weg eingeschlagen hatte, der mir nicht mehr entsprach.

Die Zeichen wurden noch deutlicher. Am nächsten Wandertag erreichte ich die Vororte von Aquila. Bereits Stunden vorher war ich das erste Mal an eingestürzten Häusern vorbeigekommen und je weiter ich mich Aquila näherte, desto größer waren die Spuren der Verwüstung. Gerade einige Wochen zuvor hatte es in der Stadt ein schweres Erdbeben gegeben. Die Stimmung war erdrückend und ich wollte so schnell wie möglich weg von hier. Ich ging zum Bahnhof der Stadt, doch als ich diesen schließlich erreichte, hatte ich den letzten Zug bereits versäumt. So saß ich gewissermaßen in der Stadt fest. Alle Hotels und Pensionen waren geschlossen und neben dem Bahnhof erstreckte sich ein großes Lager, in dem Obdachlose in Eisenbahnwaggons so lange Unterkunft fanden, bis sie ihre Häuser wieder aufgebaut hatten. Wo sollte ich bleiben? Nach längerem Verhandeln mit der Polizei durfte ich direkt vor dem Bahnhof mein Zelt aufschlagen. Das war der bedrückendste Zeltplatz meines Lebens. Unweit vom Epizentrum des Erdbebens, genau dort, wo bis vor Kurzem ein großes Haus gestanden war, versuchte ich nun einzuschlafen.

Am Morgen regnete es und ich kochte unter dem Bahnhofsvordach mein Frühstück. Ein Mann, der im nahe gelegenen Zeltlager untergebracht war, lud mich zu Kaffee und Croissant ein und schenkte mir dann auch noch ein Glas Erdbeermarmelade. Der Mann wollte mir einfach eine Freude bereiten und als er meine strahlenden Augen sah, breitete sich ein Lächeln über sein ganzes Gesicht aus.

Ich wanderte noch ein Stück weiter, entschied aber dann endgültig, die Wanderung abzubrechen. Die Nacht im Erdbebengebiet hatte mich endgültig erkennen lassen, dass ich nicht mehr die alten Wege gehen wollte. Von nun an wollte ich frei sein und der Weg sollte einfach im Gehen entstehen.

Die Erkenntnisse, die ich durch die Schlangen und das Erdbeben für mich gewann, waren deutliche Hinweise, dass Veränderung manchmal sanft, ein anderes Mal vehement in Form einer Katastrophe auftritt. Jede Veränderung gibt uns viele Gelegenheiten, uns selbst besser kennenzulernen. Was in unserem Leben und in unserer Umgebung passiert, sind Zeichen, die es zu erkennen gilt und die uns helfen, unseren Weg zu finden und zu gehen.

Das Leben geht in einer Kreisbewegung. Zyklus folgt auf Zyklus und die Dinge wiederholen sich so lange, bis wir den Mut finden, Neues zu wagen, bereit sind, andere Wege einzuschlagen und die gewonnenen Erkenntnisse in unser Leben integrieren. Ich schrieb in mein Tagebuch: „Ich bin an einer Wegkreuzung angelangt. Ich bin geduldig und ich bin ungeduldig, ich bin voller Vorfreude auf das, was kommen mag, und ich freue mich, im Jetzt zu sein. Ich bin – und das genügt."

Der Weg in den Norden

Daheim spazierte ich in eine Buchhandlung und entdeckte im Regal einen Wanderführer von Norwegen. Spontan griff ich zum Buch. Noch am Abend schrieb ich meinem Freund André eine E-Mail und fragte ihn, ob er zur Sommersonnenwende mit mir in den Norden reisen wollte. Wir waren einander vor vielen Jahren in Südamerika begegnet. Damals radelte André zwei Jahre lang über den ganzen Kontinent und ich war zu Fuß in Patagonien unterwegs. Immer wieder haben sich seither unsere Wege gekreuzt.

Es dauerte nicht lange, bis Andrés Antwort kam und bereits ein paar Tage später trafen wir uns schon auf dem Fährschiff von Kopenhagen nach Oslo. Wir zogen einige Wochen in die Wildnis: ohne Uhr, ohne Telefon, ohne Wanderführer, nur mit einer groben Übersichtskarte, um eine Ahnung zu haben, wo wir die nächste Hütte zum Übernachten finden konnten. Der Weg in den Süden hatte in mir viel aufgewirbelt und so war ich nun richtig froh, wieder Kraft zu sammeln und Klarheit zu finden. Wo konnte das besser gelingen als inmitten weiter Schneefelder, saftiger Frühlingswiesen, schroffer Felsformationen, am Ufer wilder Flüsse und in gemütlichen Hütten am Ende der Welt?!

Es gibt Augenblicke im Leben, wo es das Angenehmste ist, scheinbar „nichts" zu tun und die Dinge einfach geschehen zu lassen. Wir waren zeitlos unterwegs. Aufgrund der Mitternachtssonne war es selbst im Süden des Landes fast rund um die Uhr hell und so wanderten wir, wann immer es uns Freude bereitete. Wir hielten Siesta, wann uns danach war, schlugen unser Nachtquartier dort auf, wo wir einen magischen Ort fanden: einmal neben einem rauschenden Wasserfall beim Ausfluss eines Sees, dann wieder knapp unterhalb eines Gipfels auf einem großen Felsplateau, von wo aus der Blick über die schier endlose Weite des Hochlands reichte. Wir übernachteten auch in den gemütlichen Hütten am Wegesrand und genossen das Unterwegssein. Wir hatten für alles Zeit, dessen Verwirklichung wir uns wünschten. So viel Zeit, dass das Verlangen danach schon allein durch die Gewissheit der Erfüllung gestillt wurde. Dieses daraus entstehende Gefühl war so glückbringend, dass ich eines Tages in mein Erkenntnisbüchlein schrieb: „Zeit möge nicht länger mein Beherrscher sein. Vielmehr möchte ich lernen, achtsam zu handeln. Fortan möchte ich Ruhe und Gelassenheit in mein Leben einladen. Ich möchte mir für meine Tätigkeiten Zeit nehmen, sie bewusst ausführen und im Jetzt leben, anstatt mich von Plänen in der Zukunft wegreißen zu lassen."

Laotse, der berühmte Weise aus China, badete gerne im Fluss. Eines Tages entschied er sich, ein Bad in einer Badewanne zu nehmen. Dabei entdeckte er, dass er die Temperatur des Was-

sers regulieren konnte, um genau in der für diesen Augenblick perfekten Wassertemperatur zu baden. Das genoss er sehr. Als Laotse so in der Wanne saß, fragte er sich, ob er in Zukunft wieder im Fluss baden solle, oder fortan die Badewanne vorziehen werde. Seine Erkenntnis war einfach: „Jetzt bin ich in der Badewanne und genieße die Badewanne."

Eines Abends saßen André und ich in einer Hütte und blickten durch das riesige Fenster auf den See hinaus. Ein kleiner Eisberg trieb langsam über die spiegelglatte Oberfläche des Sees, in der sich die Berge der Umgebung spiegelten. Die Strömung war ganz schwach und so schien es, als ob der Eisberg stillstehen würde, doch als ich nach einer Weile wieder auf den See blickte, bemerkte ich, dass sich die Eisscholle doch bewegte, langsam, aber stetig und sie kam dabei auch noch gut voran. Ich versuchte dieses Bild auf mein Leben umzulegen und ich fragte mich: „Was treibt mich? Wohin gehe ich? Wieso fällt es mir mitunter so schwer, an einem Ort zu verweilen, den Ort zu spüren und dabei meine Erfahrungen zu machen?" In Norwegen lernte ich, ruhig sitzen zu bleiben. Ich hörte auf, die Kilometer meiner Wanderungen zu zählen, musste nicht immer wieder weiter, sondern erkannte, dass ich einen Ort in all seinen Facetten erst dann kennenlernen konnte, wenn ich an ihm länger verweilte.

Was braucht es zu einem guten Leben? Wir erfreuten uns an den zauberhaften Lichtspielen, an der Landschaft, die immer minimalistischer wurde, je höher wir auf die Hochfläche hinaufstiegen. Dann zogen wir durch hellgrüne Birkenwälder, die an Flussläufen im Tal sprossen. Jeden Abend gab es ein gutes Essen: Meist machten wir nur Chapatis in der Hütte. Wir vermischten Mehl, in dem man noch die Sonne schmecken konnte, mit unbearbeitetem Natursalz, Olivenöl, das die Kraft des uralten Olivenbaums und die Sonne des Südens in sich trug, mit frischem Wasser vom Gebirgsbach, der neben der

Hütte vorbeifloss. Die Chapatis schmeckten wunderbar und das Leben wurde einfach. Oft saßen wir spät abends noch draußen vor der Hütte, bis die Sonne unterging und erste Nebelschwaden aufzogen, als die Dämmerung den Tag einhüllte, für uns ein zauberhaft schönes Leben.

Gegen Ende unserer Tour hatten wir das Zeitgefühl völlig verloren und da André daran dachte, nach Deutschland zurückzukehren, fragten wir in einer der Hütten andere Wanderer, was denn für ein Monat sei. Die Norweger schauten uns verwundert an und meinten dann scherzend: „Also wir schreiben das Jahr 2009." – „Ja danke, das wissen wir noch, aber haben wir noch Juli oder doch schon August? Irgendwo da oben am Isvatnet, am Eissee, ist uns die Zeit abhandengekommen." Sie gaben uns schließlich Bescheid, dass erst Ende Juli war und André noch rechtzeitig nach Hause kam. Das war Norwegen.

Was ich nun beim Buchschreiben und beim Durchlesen meines Tagebuchs feststellte, verwunderte mich. In Norwegen hatte ich einige Visionen aufgeschrieben, wie ich in Zukunft mein Leben gestalten wollte: „Ich lasse mich nicht mehr von Geld beherrschen, ich werde immer freier in meinem Tun, ich bin weniger in Eile und finde Ruhe. Eines Tages kehre ich in mein viel geliebtes Patagonien zurück." Jahre später, beim Schreiben des Buchs, stellte ich fest, dass sich seither alle meine Visionen verwirklicht haben. Es scheint viel einfacher zu sein, Visionen zu realisieren, wenn wir zum Zeitpunkt ihrer Formulierung in die Stille gehen.

Die Erkenntnisse in den Alltag integrieren

Was mir in Erinnerung blieb, war Andrés Aussage am Ende der Norwegentour: „Nun sind wir wochenlang ohne Zeit und ohne Eile unterwegs gewesen. Das schaffen wir ganz gut, wenn wir auf Wanderschaft sind, doch die große Herausforderung wird es sein, wenn wir nun in unseren Alltag zurückkehren." Recht hatte er. Was nützen all die Erkenntnisse, wenn es nicht gelingt, sie in den Alltag zu integrieren?

Im Herbst begann für mich eine große Diavortragstournee mit 150 Diashows und vielen Medienauftritten, und immer wieder erinnerte ich mich an Norwegen. Ich holte mir das Bild, als ich auf dem Stein am Ufer des Sees saß und den Sonnenuntergang betrachtete, und versuchte, in diesem Geist zu arbeiten. Sogleich begann ich einmal tief einzuatmen und verlangsamte mein Tempo.

Ich nahm mir zwischendurch Freiräume und traf mich mit Martin. Die kurzen Alltagswege legte ich oft zu Fuß zurück. Das hielt mich fit und half mir, die Erlebnisse und Erkenntnisse des Sommers bewusst zu machen. Dann bemerkte ich oft, wie ein Lächeln über mein Gesicht huschte und ich immer besser lernte, mir Zeit zu lassen.

Eine Erkenntnis gilt immer nur für mich zum jeweiligen Augenblick, sie kann sich ändern, wenn ich den Erkenntnisweg voranschreite und neue Erfahrungen mache. Daher ist die Erkenntnis auch nicht allgemeingültig. Die Königin der Wahrheit ist jene Wahrheit, die ich im Augenblick als Wahrheit empfinde, denn die Wahrheit ist jeden Moment eine andere, da wir ständig in Bewegung sind. Wahrheit ist, wenn ich für mich erkenne, dass sie meiner innersten Wahrheit entspricht.

Winterreise

Martin und ich wollten Anfang Dezember spontan nach Süditalien reisen. Wir hatten gehofft, dass es dort wärmer wäre als zu Hause. Wir reservierten einen Schlafwagen nach Rom und eine Stunde vor Abreise des Zuges telefonierten wir noch mit unserer Freundin Lisi und fragten sie im Scherz, ob sie vielleicht nach Italien mitkommen würde. Lisi war von der Idee sofort begeistert, telefonierte schnell mit ihrem Chef, nahm sich ein paar Tage Urlaub und fünf Minuten vor Abfahrt des Zuges stand sie am Bahnsteig. So reisten wir zu dritt nach Rom. Lisi ist eine besondere Freundin, die Martin und mich seit Jahren begleitet. Sie ist der Inbegriff der Spontaneität und immer wieder würfelt uns drei der Zauber des Augenblicks für ein paar Tage zusammen.

Nach einer erholsamen Zugfahrt kamen wir am Morgen in Rom an. Am Bahnhof suchten wir sogleich die Tourismusinformation auf und fragten nach einer Unterkunft. Da wir alle mit Rucksack und Wanderstock unterwegs waren, schlug uns die liebenswerte Dame eine Jugendherberge vor, doch Martin war darüber nicht sehr erfreut. Wenn er sich das so recht überlegt, meinte er, dann hätte er lieber ein Hotel, und da die Zahl vier seine Lieblingszahl sei, wäre für diesen Fall offenbar ein Viersternehotel angebracht. Die Dame hinter dem Tresen schaute erstaunt, weil sie uns drei anders eingeschätzt hätte. Sie buchte für uns ein schönes Hotel direkt neben dem Vatikan. Wir besuchten den Petersdom, einige Museen, Trattorias, Bars und machten auch ausgedehnte Spaziergänge durch die Stadt.

Wir reisten mit dem Zug weiter nach Pompeji, weil wir den Vesuv besteigen wollten. Wir waren bereit, in den Fluss des Lebens einzusteigen, mit dem Leben zu fließen und die Fülle des Lebens zu erkennen. Das Leben ist ein Spiel. Wir spielen es und unterstützen einander in diesem Spiel. Dadurch konnte bei jedem von uns dreien eine Spirale aus Freude und Glück entstehen.

Als wir schließlich zum Gipfel des Vulkans aufsteigen wollten, verhinderten Parkwächter den Aufstieg, da dies zu Fuß ohne Genehmigung nicht erlaubt ist. Daher blieb uns nichts anderes übrig, als mit dem Taxi fast bis zum Kraterrand zu fahren. Im Laufe des Tages entpuppte sich aber gerade das als ein großer Segen, da wir nun viel Zeit hatten. Wir wanderten gemütlich den Kraterrand entlang und beobachteten, wie Schwefeldämpfe aus dem Krater aufstiegen. Wir stellten uns die Frage, wie es unter der Oberfläche der Erde aussehen könnte. Gleich wie beim Menschen? Manche Emotionen versetzen die Menschen in Aufruhr und es brodelt in ihnen. Kann die Erde auch Gefühle entwickeln? Wenn ja, welche? Bringt sie ihre Gefühle durch Ausbrüche an die Oberfläche? Wie schaut es tief im Erdinneren aus? Herrschen dort Stille und Ruhe? Ich hatte ein Gefühl, Martin die Vorstellung, dass die Erde ein lebender Organismus ist, der mit den Menschen in Verbindung steht und mit ihnen kommuniziert.

Wir stiegen auf der Flanke des Vulkans bis zum Meer ab. Lisi reiste bald darauf nach Hause. Martin und ich wollten noch einen Nationalpark im Süden des Landes besuchen. Wir hatten in einem Wanderführer eine spannende Route mit dem Titel „Der Weg der Unendlichkeit" gefunden. Der Name dieses Wanderweges zog uns in den Bann, doch die Hinreise gestaltete sich als sehr kompliziert, da es in der Gegend kaum öffentliche Verkehrsmittel gab. Wir schafften es bis zu einem Ort in den Bergen. Im Gasthaus meinte der Kellner, sie hätten auch Zimmer und wir sollten doch bleiben, aber wir wollten zum Weg der Unendlichkeit. Dabei übersahen wir all jene Zeichen, die dagegensprachen. Die Weiterreise war fortan fast unmöglich. Nach langen Recherchen und langem Warten kam doch noch ein Bus, aber wir landeten schließlich an einem Ort, wo es uns überhaupt nicht gefiel. In den Bergen war es bereits eiskalt und außerdem konnten wir lange kein Quartier finden. Schließlich entdeckten wir eine Gaststätte mit Zimmern. So ein Glück? Die Freude hielt sich jedoch in Grenzen. Jeder von uns hatte ein winziges Zimmer und im Speisesaal war es so bitter kalt, dass die italienischen Gäste am Nachbartisch sogar im Pelzmantel beim Abendessen saßen. Am nächsten Tag regnete es in Strömen und wir reisten ab: In Süditalien war es demnach auch nicht wärmer und so verbrachten wir auf dem Weg nach Hause noch einige schöne Wintertage in Bozen.

Der Olymp

Der Frühling zog ins Land. Den ganzen Winter über hatten Martin und ich davon geträumt, nach Griechenland zu reisen, und im Mai war es dann so weit. Schließlich waren wir eine Gruppe von neun Männern, die in den Süden reisten. Mit dabei waren einige Spitzensportler, ein Fotograf und Freunde von uns – eine spannende Gruppe, aber mit unterschiedlichen Ausrichtungen und Bedürfnissen.

Die erste gemeinsame Tour führte uns neun auf den Olymp. Wir dachten uns, dort wären wir „den Göttern näher". Wir stiegen erst am späten Nachmittag auf, weil wir bereits am Tag unserer Anreise auf die Schutzhütte gehen wollten. Für einige Teilnehmer der Gruppe stellte die Bergtour keine besondere Herausforderung dar. Ihr sportliches Trainingsprogramm beinhaltete Bergläufe und so waren sie gewiss, dass sie den Aufstieg in der Hälfte der vorgegebenen Zeit schaffen würden. Martin bevorzugt es hingegen, gemütlich unterwegs zu sein und dafür spannende Gespräche zu haben, in denen aber mindestens genauso viel Energie stecken kann wie in einem schnellen Aufstieg. Es geht ihm um den Weg und die Erkenntnisse, die sich auf dem Weg auftun – das ist für ihn das Erfüllende, im Gegensatz zu den leistungsorientierten Menschen, die eine Wanderung als eine körperliche Herausforderung betrachten.

Von der Schutzhütte am Olymp aus machten wir uns am Morgen auf zum Gipfel. Ich war weit zurückgeblieben, um den Aufstieg zu genießen, und die meisten anderen waren bereits auf dem Gipfel. Vor dem Schlussanstieg kam ich zu einem breiten Spalt, der als der Schoß der Hera, der Gemahlin des Zeus, bezeichnet wird. Ich wagte den Sprung nicht, denn die Breite der Spalte war mir eine Nummer zu groß. Wenn man an dieser Stelle unachtsam ist und zu wenig weit springt, dann inkludiert der Sprung einen 300 Meter weiten Flug in die Tiefe. Ich zögerte und blickte zu meinen Freunden. Sie riefen: „Spring doch endlich!", doch ich fühlte mich unsicher. David kam mir entgegen, hüpfte noch einmal über den Spalt und meinte, ich solle mich doch nicht so zieren und springen. Ich sprang und es gelang. Manchmal braucht man Freunde, die einem die Hand reichen, um etwas zu wagen. Auf dem Gipfel räucherten wir mit jemenitischem Weihrauch, tanzten und genossen eine Tafel Schokolade. Felix meinte, es gibt keinen Grund, sich selbst nicht zu vertrauen.

Das gemeinsame Mahl

In einer Gruppe, die sich aufeinander einschwingt und die eine gleiche Zielvorstellung verfolgt, baut sich ein starkes Energiefeld auf. Mit Freunden ein Mahl zu zelebrieren, hat eine starke Kraft. Nachdem wir vom Olymp ins Tal abgestiegen waren, bestellten wir zusammen verschiedene Gerichte, die wir in die Mitte des Tisches stellten, um sie zu teilen. Ein Mahl einzunehmen heißt, das Brot in Dankbarkeit gemeinsam wertzuschätzen. Wenn wir in unserem täglichen Leben das Teilen mit anderen Menschen bewusst erleben, ist auch in anderen Situationen ein intensiverer Austausch möglich. Gerade das Teilen birgt eine Symbolik, die uns zu einem Bewusstsein der Einheit führt.

Auf dem Berg Athos

Wir entschieden uns, noch den Berg Athos zu besuchen. Athos ist eine Mönchshalbinsel im Norden Griechenlands, die weit ins Meer hinausragt und auf der sich Dutzende orthodoxer Klöster befinden. Der Ort ist nur orthodoxen Männern zugänglich und darüber hinaus darf jeden Tag auch eine Handvoll Anhänger anderer Religionen, aber nur Männer auf die Halbinsel. Bereits bei der Hinfahrt kamen wir mit einem Mönch ins Gespräch und Felix fragte ihn, ob die Mönche auf Athos auch Sport betreiben. Der Mönch lächelte und meinte: „Sport betreiben wir nicht, aber immer wenn ein Mönch an eine Frau denkt, muss er sich auf den Boden werfen." Er zeigte uns die Übung vor. Einige aus unserer Gruppe, die nicht so sportlich waren, stellten fest, dass sie dann wohl Spitzensportler wären, würden sie sich auch daran halten – denn wann denkt man nicht an Frauen, sind sie doch etwas so Großes und Einmaliges!

Der Mönch machte uns aufmerksam, dass er durch sein Leben in den „Himmel" kommen würde, wir hingegen eher mit einem Platz in der „Hölle" rechnen müssten. Er sprach von einem Leben in Vollkommenheit. Sodann ernannte Martin den Berg Athos zum „Reich der Vollkommenheit"! Wir meinten, dann sind wir Könige im Reich der Unvollkommenheit.

Auf dem Berg Athos angekommen, ging fast jeder seinen eigenen Weg. Einige stiegen auf den Gipfel der Insel hinauf, Alois blieb allein in einem kleinen Bergkloster und Martin, Michael, Gottfried und ich wanderten zum großen Dionysios-Kloster. Auf dem Weg begleiteten uns viele Schmetterlinge und wir verspürten die Leichtigkeit des Unterwegsseins. Als wir jedoch das Kloster erreichten, erstarrten wir vor den dicken Steinmauern, in die kleine Fensterspalten, nicht breiter als Schießscharten, eingefügt waren. Durch die Schlitze drang nur wenig Licht. Zuerst mussten wir warten, bis wir von einem Mönch mit einem kleinen Stück Geleezucker empfangen wurden. Er wies Martin und mir eine kleine Zelle zu, während die beiden anderen in einem großen Schlafsaal untergebracht wurden.

Wir vier erkannten, dass für uns das Klosterleben nicht infrage kommt, schätzen wir doch alle vier den Austausch mit Frauen und Kindern. Außerdem war innerhalb der dicken Klostermauern kein einziges Lachen zu vernehmen. Es herrschte ein strenges Regiment, das fixe Zeiten für Essen, Gebet und Arbeit vorsah. Alle Mönche und Gäste aßen gemeinsam. Der Ablauf der Mahlzeiten war so geregelt, dass alle mit dem Essen aufhören mussten, sobald der Abt seinen Löffel weglegte und satt war. Dieses systemische Reglement war für uns Reisende ein Grund, am nächsten Morgen mit dem erstbesten Fährschiff wieder abzureisen. Ohne es vorher abgesprochen zu haben, fanden sich aufgrund gleicher Gedanken und Gefühle nach und nach alle neun Reisenden an der Schiffsanlegestelle ein. Das zeigt, dass gleiche Gedanken ein harmonisches Energiefeld aufbauen und dadurch gleiche Handlungen entstehen. Die Reise führte uns zurück ans Festland. Dort machten wir ein Fest. Wir zelebrierten unsere Freiheit und waren glücklich, so leben zu können, wie wir es wollten.

Einige in der Gruppe reisten heim und es blieben nur mehr Martin, Gottfried und ich zurück. Martin hatte bereits vom Berg Athos aus seine Freundin Margit angerufen und gemeint: „Auf diesem Berg gibt es überhaupt keine Frauen. Es wird Zeit, dass du nach Griechenland kommst!" Margit hüpfte spontan in Wien in den Zug und nach einer langen Reise durch den Balkan stand sie schließlich vor uns drei Wanderern. Ich kannte Margit damals kaum, hatten wir uns doch gerade zweimal kurz getroffen, doch das sollte sich bald ändern. Wir wurden sehr gute Freunde.

Die Reise nach Ithaka

Wir rollten im Zug weiter in den Süden und wollten von nun an völlig frei reisen und möglichst als Einheit unterwegs sein. Würde es gelingen? Welche Auswirkungen würden sich daraus ergeben, wenn drei Männer und eine Frau zusammen unterwegs waren? Wir wollten uns das Experiment genauer ansehen.

Es ist immer wieder spannend, sich auf den Weg einzulassen, zwar kurzfristig ein Ziel zu haben, aber dann doch auf die Zeichen zu achten und wenn nötig dieses Ziel wieder aufzugeben. Ein Satz begleitete uns: „Mit dem Wunsch vor Augen, dem Herzen vertrauen."

In Korinth gingen wir nach dem Frühstück in eine Buchhandlung, um eine Wanderkarte vom Peloponnes zu kaufen, doch die einzige Karte, die wir im Laden finden konnten, war von der Region Mani, ganz im Süden der Halbinsel. So entschieden wir, mit dem Zug nach Kalamata zu fahren und von dort nach Mani weiterzureisen. Mit dem Taxi ging es zum Bahnhof, doch die Dame am Schalter meinte, es gäbe keinen direkten Zug nach Kalamata; wir müssten zuerst mit Zug und Bus nach Patras, fast ganz im Nordwesten des Peloponnes, reisen und am nächsten Tag ginge von dort ein Zug nach Kalamata. So kauften wir ein Zugticket für die Vorortelinie, die uns zum Busbahnhof bringen sollte. Am Bahnsteig kamen erste Zweifel auf: Wir wollten ja in den Süden; nun fuhren wir aber vom Nordosten zuerst einmal ganz in den Nordwesten und dann weiter in den Süden, dieser Weg war fast doppelt so lang wie der direkte. Sollten wir nicht lieber gleich versuchen, mit einem Bus nach Kalamata zu kommen? Der Verstand schaltete sich ein, bis Martin meinte: „Wir haben ja nun schon das Zugticket gekauft. Fahren wir doch einmal los und schauen wir, wohin wir kommen." Gesagt, getan! Später im Bus las Margit im Reiseführer und fand heraus, dass unweit von

Patras einige Inseln vorgelagert wären: Kefalonia und auch Ithaka; vor allem Letztere erweckte unsere Aufmerksamkeit, war doch auf Ithaka der Heimathafen von Odysseus, von wo seine Reisen begannen und wohin er auch nach langen Irrfahrten wieder zurückkehrte. So entschieden wir spontan, auf Mani zu verzichten und stattdessen die Inseln zu besuchen. In Patras angekommen, reisten wir gleich nach Kefalonia weiter und auf dem Schiff begannen wir vor Freude zu tanzen. Wir waren glücklich, in unseren Zielen nicht so fixiert zu sein und nun auf die Inseln zu reisen. „Alexis Sorbas", jener legendäre Film mit Anthony Quinn in der Hauptrolle, war präsent und einer unserer Lieblingssätze des Films kam uns in den Sinn: „Alles kracht zusammen – komm, lasst uns tanzen."

Im Hafen, wo unser Schiff anlegte, entdeckten wir eine Pension direkt am Meer. Ein Landsmann, der im Gastgarten saß, empfing uns überschwänglich und meinte: „Ihr seid am großartigsten Ort der Erde angekommen. Herzlich willkommen! Ich reise seit vielen Jahren hierher und es ist einfach wunderschön hier!" Da hatten wir offensichtlich ein Paradies gefunden! Zur Feier genossen wir ein ausgiebiges Abendessen. Unsere Erkenntnisreise durch Griechenland war eine einzige Genussreise. Das Frühstück und das Abendessen zelebrierten wir immer wieder aufs Neue; genossen es, die Speisen zu teilen, philosophierten und freuten uns des Lebens. Seit wir nun zu viert unterwegs waren, waren wir auch tagsüber beim Gehen im Einklang. Wir hatten einen ähnlichen Rhythmus oder konnten uns zumindest sehr gut aufeinander einschwingen. Dadurch entstand eine große Kraft und wir lernten es immer besser, uns auf die Zeichen einzulassen, sie zu erkennen und ihnen dann auch zu vertrauen.

Am nächsten Morgen wollten wir auf einem Wanderweg der Küste folgen, doch die Wirtin riet uns davon ab: Der Weg wäre verwachsen, es gäbe kaum Trinkwasser und es wäre sehr heiß, besser sollten wir der Straße über die Berge folgen. Kurz schaltete sich mein Verstand ein: „Ich will nicht auf der Straße gehen, ich habe auch viel mehr Wandererfahrung als die Wirtin und was für sie ein Problem sein kann, geht für mich ganz leicht." Nun war aber nicht der Raum, dass sich irgendjemand von uns profilierte, und ich erkannte, dass meine Wanderung um die Erde unter einem ganz anderen Geist gestanden war als unsere Erkenntnisreise durch Griechenland. Daher folgten wir schließlich doch dem Rat der Wirtin und kamen, nachdem wir der Straße einige Kehren gefolgt waren, zu einem spannenden Ort. Es handelte sich um eine jahrtausendealte Grabstätte.

Als wir in die Grabkammer hinabstiegen, sprach Martin folgende Worte: „Im Leibe vereint, um den Leib zu ergründen, steige ich hinab in die Tiefe der Erde, in die Dunkelheit – bewacht von der Sphinx –, um aufzusteigen wie Phönix aus der Asche zum Lichte empor."

Als wir dann durch das Tal der Könige, wie wir es nannten, weiterwanderten und rings um uns die Vegetation erblühte, Blumen den Weg säumten und uns bunte Schmetterlinge begleiteten, erwachte in Martin ein poetische Ader und er sagte:

Im Geiste der Wahrheit sich liebet das alles;
Gezeugt durch die Liebe, die alles vereint.
Die Wogen sich glätten im Rauschen der Zeit;
Die Krone der Schöpfung alles vereint.

Im Zentrum des Gartens, der Quelle so nah;
Erwachet die Schlange aus ewiger Nacht;
Sie füllet den Garten mit Leben und Glanz.
Das Schöne erkennend, in ewiger Hoffnung
Wird sie besucht,
Vereinigt durch Samen des Lichts.

Im Geiste der Liebe sich liebet das alles;
Gezeugt durch die Wahrheit, die alles vereint.

Wenn wir in unserem Denken und in unserem Handeln den Geist der Wahrheit leben, dann können sich gegensätzliche Denkrichtungen und Auffassungen so miteinander verbinden, dass die Menschheit in der Liebe einen Weg beschreitet, wie sie ihn noch nie kannte. Die Wogen der Ungeduld und die Wogen der Emotionen sind dabei, sich zu glätten, sodass die Welt im Lichte der Wahrheit sich begegnet. Es ist nicht von Wichtigkeit, wie so etwas geschehen kann, sondern es ist möglich, dass es geschieht und deswegen wird es geschehen. Wenn du dein Licht ausstrahlst, dein Licht der Freude und der Begeisterung, dann begegnest du Menschen aus allen Gesellschaftsschichten und aus den verschiedenen Kulturkreisen. Du strahlst das aus, wonach sich alle sehnen, und dadurch ist eine Kommunikation auf der Ebene von Verständnis und gegenseitigem Respekt möglich. Die Philosophien, die sich Menschen ausgedacht haben, sind Leitfäden, die dir als Wegweiser dienen können – jedoch nur als Wegweiser. So wie Martin und ich die Wegweiser manchmal als angenehm empfunden haben und wir uns dann doch immer wieder selbst entscheiden, welchem Weg wir folgen.

Strahlst du Vertrauen, Liebe, Freude, Freiheit, Zuversicht und Hoffnung aus, dann sind diese Energieformen bereit, sich auch im Außen dir zu nähern, das heißt Menschen begegnen dir, die wie du von diesen Energieformen getragen werden.

Der Weg führte in langen Serpentinen den Berg hinan und es wurde mit jeder Stunde heißer. Wir schwitzten, genossen aber gleichsam die eindrückliche Landschaft und freuten uns über den schönen Tag. Stunden später kamen wir an einem Haus vorbei und ein Grieche trat auf uns zu. Er fragte Martin, ob er denn der „Papusch" sei. Martin lächelte nur, aber von nun an war er für den Rest der Reise der Papusch! Papusch verspürte eine gewisse Müdigkeit und bei uns dreien stellte sich auch der Wunsch ein, anzukommen. In dem Augenblick, als wir alle vier klar formulierten, dass es nun an der Zeit wäre, die Wanderung zu beenden, kam uns ein Taxi entgegen. Den ganzen Tag über hatten wir keines gesehen und auf der Insel war überhaupt sehr wenig Verkehr. Der Taxifahrer ließ uns einsteigen, legte schöne griechische Musik ein und brachte uns direkt zu einer Bar, wo wir am Ufer des Meeres den Tag gemütlich ausklingen ließen.

Wir erreichten Ithaka. Odysseus gleich waren wir froh, in einem Hafen zu landen, der von den Stürmen des Lebens geschützt war. Die Reise des Odysseus war in dem Sinn nicht nur eine Irrfahrt, sondern auch eine Erkenntnisreise, die ihn reifen ließ und die in ihm den starken Wunsch nach Geborgenheit nährte. Auch in der heutigen Zeit ist der Wunsch nach Geborgenheit groß. Für manche gilt es, die physische Heimat zu erleben, für andere gilt es, die geistige Heimat in sich zu entdecken.

Auf der Suche nach einem Quartier spazierten wir die Küste entlang. Immer wieder wanderte unser Blick auf den Hafen und auf die vielen Segelyachten, die in der Bucht vor Anker lagen. All das zusammen bildete einen malerischen Anblick und ließ unsere Herzen höher schlagen. Es dauerte nicht lange, da blieb ein altes Auto stehen und eine Frau fragte uns, ob wir ein Quartier suchten. Wir sahen es als ein Zeichen und stiegen ins Auto. Beim Haus angekommen, hatten wir von einer großen Terrasse einen Ausblick über die ganze Bucht. Was für eine Freude.

Wir gingen auf Erkundungsreise und wanderten an uralten Olivenbäumen vorbei zu einer einsamen Bucht. Martin hoffte, dass sie auf dem Strand, wohin uns der Weg führte, Liegestühle und Schatten hätten, um dort länger zu verweilen und in Ruhe die Zeit in Griechenland ausklingen zu lassen. Dann öffnete sich plötzlich, als wir um eine uralte Kiefer bogen, der

Blick hinunter zum Strand. Weißer Sand zog sich das ganze Ufer entlang und das Meer wechselte in einem Farbenspiel von Tiefblau bis Türkis. Als wir den warmen Sand zwischen unseren Zehen spürten, trauten wir unseren Augen nicht. Da standen doch tatsächlich Liegestühle im Schatten einer alten Bar, deren Dach mit Riedstroh gedeckt war. Schön langsam erkannten wir, dass wir wirklich mit dem kosmischen Reisebüro unterwegs waren – wie wir es nannten. Wir äußerten Wünsche, ließen diese wieder frei, übertrugen es dem kosmischen Reisebüro, die Fäden zu ziehen und waren dann bereit, uns von den Zeichen leiten zu lassen. Das Tolle am kosmischen Reisebüro ist, dass es kommissionsfrei arbeitet und immer alles perfekt in die Wege leitet. Je freier wir in unserem Denken und Tun wurden, desto einfacher gelang es, zur richtigen Zeit am richtigen Ort zu sein.

Weggefährten

Für Martin und mich sind Weggefährten, mit denen wir uns austauschen und über alles reden können, sehr wichtig. Neben Margit wurde für uns auch Daniela in den vergangenen Jahren zu einer inspirierenden Weggefährtin. Daniela ist Mutter von fünf Kindern und hat immer wieder ihr Familienleben mit den Erkenntnisreisen verbunden. Dem gängigen Rollenbild der Gesellschaft würde es entsprechen, ihre Zeit dem Zuhause, dem Mann und den Kindern zu widmen. Sie ist gerne Mutter. Ihre Rolle interpretierte sie in der Zeit des gemeinsamen Unterwegsseins neu. Neben der Familie nahm sie eigene Bedürfnisse wahr und gestand sich ein, diese zu leben. Es war eine Bereicherung für sie, in die Welt hinauszuziehen und dadurch neue Aspekte ihrer Persönlichkeit und ihres Seins kennenzulernen.

Daher nahm sie sich immer wieder Zeit, um mit Martin, Margit und mir durch die Lande zu ziehen. Die Tage, die wir miteinander verbrachten, waren für alle bereichernd. Die gemeinsam gewonnenen Erkenntnisse in den Alltag zu integrieren ist manchmal eine Herausforderung. Ein anderes Umfeld ist auch ein anderes Energiefeld.

Für Margit und mich war das Heimkommen jedes Mal eine Herausforderung. Wir hatten uns gleich nach der Griechenlandreise entschieden, in eine gemeinsame Wohnung zu ziehen und in einer Beziehung zu leben. Wir hatten beide den Wunsch, nicht mehr bei den Eltern zu wohnen. Um einfach zu leben, finanziell frei und unabhängig zu bleiben, zogen wir in eine kleine Wohnung. Diese Entscheidung führte bei mir zu einem Wechselbad der Gefühle. Einerseits fühlte ich mich glücklich nach sieben Jahren Vagabundenleben, endlich ein Zuhause zu haben, andererseits schränkte mich die Beziehung ein und ich fühlte mich zunehmend unfrei. Ich war die Beziehung eingegangen, weil ich mit Margit die Freude am Reisen teilen konnte, ich den Wunsch hatte, nicht allein zu sein, da ich dieses Alleinsein in meiner Kindheit und auf den Reisen schon zur Genüge gelebt hatte, und weil die sexuelle Anziehung anfangs stark war. In Margit und mir begegneten einander zwei Freigeister, die das Potenzial, sich gemeinsam zu verwirklichen und weiterzuentwickeln, erkannten.

Diese Beziehung veränderte sich aber im Laufe der Zeit, weil sich unsere jeweiligen Bedürfnisse und Ängste erst im Zusammensein zeigten. Diese waren zwar ähnlich, äußerten sich aber unterschiedlich. Weil wir fast ständig zusammen unterwegs waren, entstand bei mir manchmal der Wunsch, allein zu sein, was bei Margit Verlustängste hervorrief, obwohl der Wunsch nach Rückzug auch ein großer Teil ihres Wesens ist.

Beide brachten wir aus unserem familiären und freundschaftlichen Umfeld sowie durch unsere Erfahrungen und Begegnungen unterschiedliche Schwingungen in die Beziehung mit, was dazu führte, dass ich immer mehr in Distanz zu Margit ging, sie hingegen ein Übermaß an Nähe forderte. Die emotionalen Belastungen, die daraus entstanden, führten dazu, dass ich das Gefühl hatte, nicht mehr ich selbst zu sein, und mein Potenzial nur bedingt leben konnte. Auch Margit erkannte sich selbst nicht mehr, Wünsche und Sehnsüchte, die immer größer wurden, Ängste, die völlig unerwartet an die Oberfläche sprudelten, bewirkten in ihr ein emotionales Chaos und Stillstand. Beide bremsten wir uns aus.

Wenn Margit und ich mit Martin und Daniela unterwegs waren, entstand ein Ausgleich in der Gruppe. Wir konnten uns gegenseitig so inspirieren und motivieren, dass ein harmonisches Miteinander möglich war. Die gemeinsame Motivation war es, sich selbst und das Leben kennenzulernen und durch das Erkennen auf dem persönlichen Lebensweg weiterzukommen. Die Vierergruppe wurde für Martin, Daniela, Margit und mich immer mehr zur Heimat.

Alle vier waren wir bereit, ausgetretene Pfade zu verlassen, wir wollten Erkenntnisse gewinnen und diese dann in unseren Alltag integrieren. Wir wollten beobachten und uns spüren. In dieser Konstellation bauten wir ein Energiefeld auf, das eine einheitliche Schwingung ergab. Es ist wie bei der Bruchrechnung: Alle haben einen gemeinsamen Nenner, aber unterschiedliche Zähler. Den gemeinsamen Nenner braucht man, wenn etwas Gemeinsames entstehen soll.

Wenn du dich in einer Situation befindest, die nicht nur dich, sondern auch jemand anderen betrifft, und du hast eine andere Vorstellung, wie sich die Situation entwickeln sollte, dann prallen zwei konträre Energieformen aufeinander. Das führt zu einer Konfrontation.

Die gelebte Auseinandersetzung mit Freunden ist ein hohes Maß an Selbsterkenntnis. Nicht der ist ein Freund, der mir in allem zustimmt, sondern der, welcher mich infrage stellt.

Ich kann mich aus dieser Situation lösen, indem ich innehalte. Dadurch entsteht die Möglichkeit, mich aus der Situation zu befreien. Ich kann mein eigenes Potenzial erkennen. Ich fühle mich gleich einem Berg. Ich stehe für mich allein, bin ein stiller Beobachter. Ich brauche nichts zu tun, bin stets präsent. Ich brauche keine Aufmerksamkeit. Ich bin mir meiner Größe bewusst, mein Leben, das sich dahinschlängelt wie ein wilder Fluss, ist spannend, aufregend, bereichernd, es ist ungezähmt und frei. Voller Lebensfreude. Es kennt keine Begrenzung. Es überwindet alle Hindernisse.

Wenn es beim gemeinsamen Unterwegssein gelingt, in der Gruppe eine einheitliche Schwingung aufzubauen, entsteht eine ganz besondere Dynamik. Das führt dazu, dass sich die Energiefelder der Teilnehmer verstärken und inspirieren, anstatt einander entgegenzustehen. Sind die Schwingungen jedoch unterschiedlich, ist es einfach nur ein Begegnen von verschiedenen Egos, das ständig ein Schließen von Kompromissen erfordert.

Wenn wir vier zusammen reisten, entstand eine besondere Dynamik. Zusammen ließen wir uns aufeinander ein und wussten, dass wir dadurch viel mehr gewinnen konnten, als wenn jeder sein eigenes Programm fuhr. Jeder wollte sich selbst kennenlernen, wir waren bereit, überall hinzuschauen, und nur in den allerseltensten Fällen war jemand beleidigt, wenn eine Aussage fiel, die einen aus der Reserve lockte. Das Beleidigtsein währte aber immer nur kurz, denn wir erkannten alsbald, dass dies keine Freude bereitete. Wenn wir offen aufeinander zugingen, gaben wir einander viele Impulse. Im Außen lebten wir vier unterschiedlich, im Herzen verbanden uns viele ähnliche Bedürfnisse.

Wir sind Freigeister, lieben die Freiheit, die Lebensfreude und den Genuss. Wir haben für uns erkannt, dass die bisher begangenen Wege uns nur dorthin führen, wo andere vor uns auch schon waren. Immer wieder fällt uns auf, dass viele Menschen durch das Leben hinken, unter allen möglichen Leiden stöhnen oder in ihrem Denken festgefahren sind. Diese Realität erschaffen wir uns nur selten! Wir beschreiten jene Pfade, auf denen wir schon jetzt das machen, was uns Freude bereitet, und auf denen wir unser Potenzial entfalten können. Wenn es gelingt, anders zu denken, führt das zu einem anderen Handeln. Das hat wiederum andere Begegnungen zur Folge.

An den Wegkreuzungen waren wir fast immer einer Meinung. Kompromisse schloss kaum jemand, wenn wir zusammen unterwegs waren, vielmehr inspirierten wir uns, Neues auszuprobieren. Dabei entstanden die Stationen nicht durch unseren Willen, wir überließen es eher besagtem kosmischen Reisebüro, die Fäden für uns zu ziehen. Alle vier integrieren wir geistig-spirituelle Aspekte in unser Sein und wir haben erkannt, dass der Weg ohne Hürden ist, wenn wir keine machen.

Wir vier glaubten, wir lebten die Freiheit, doch innerlich war ein jeder für sich mit unterschiedlichen Zwängen behaftet, die immer wieder an die Oberfläche traten. Der sehnliche Wunsch, frei zu sein, war unser gemeinsamer Nenner. Weil wir in diesem Punkt voll übereinstimmten, konnten auch viele Situationen entstehen, die man als Zufälle bezeichnen könnte, die sich aber in weiterer Folge als Fügungen zeigten. Alles kam zu seiner Zeit, so wie es sein sollte. Alles hatte seine Zeit und für alles war auf wundersame Art und Weise gesorgt.

Einige Themen beschäftigten uns:

Wie weit gibt es Führung und wie weit bist du es selbst, der sich führt? Diese Frage lässt sich schnell beantworten: Indem du den sehnlichen Wunsch hast, geführt zu werden, bist du selbst der Führer, der sich führt.

Die Essenz ist mit wenigen Worten gesagt. Viele Worte führen dazu, dass man die Essenz nicht klar erkennt.

Du bist die Quelle und kommst aus der Quelle. Einfacher dargestellt, es gibt nichts, was nicht aus der Quelle kommt. Jeder einzelne Tropfen kommt aus der Quelle und jeder einzelne Tropfen hat seine eigene Bestimmung. Er wird immer der Tropfen sein, gleichzeitig verbindet sich der Tropfen mit anderen Tropfen, wird zum Bach, zum Fluss. Er erlebt sich als einzelner Tropfen und doch spürt er, dass er mit allen anderen Tropfen verbunden ist. Der Fluss fließt zum Meer, um zu verdampfen und dann wieder aufzusteigen, um wieder als Tropfen sich mit der Erde zu verbinden und wieder aus der Quelle zu entspringen. Das ist der Kreislauf des Lebens, den wir Menschen auch alle gehen. Bei jeder Reise nimmt der Tropfen neue Informationen auf, informiert und speist dadurch die Quelle. Jeder Tod ist gleichzeitig der Beginn eines neuen Lebens.

Du hast viele Identitäten. Du bist, und gleichzeitig wirkt ein höheres Bewusstsein auf dich und macht durch dich Erfahrungen. Was du suchst, ist in dir.

Jeder geht dorthin, wo er sich entfalten kann. Wenn du in dir selbst die Möglichkeiten erkennst, dass du gedeihst, dann begibst du dich dorthin, wo du sein möchtest. Du wächst aus dir selbst hinaus.

Der Geist in der Materie hat den Menschen die Möglichkeit gegeben, dass sie aus sich selbst schöpfen, um aus sich selbst die Kraft der Ewigkeit zu empfangen. Diese Kraft bewegt aber nicht nur den Planeten Erde und die Menschheit, diese Kraft bewegt das ganze Universum. Die Menschheit, die sich jetzt im Bewusstsein der Einheit neu entfaltet, kann nicht mehr zurück, der Weg ist bereitet. Wenn der Mensch bereit ist, wird er ihn gehen; ohne zu fragen, denn er ist zum Weg geworden.

Du beginnst zu leben, wenn du dich auf das Leben einlässt.

Du darfst das Leben genießen und den Weg der Freude gehen! Du darfst den Frieden in dir erkennen und ihn leben, denn du bist auf dieser Erde, um Freiheit, Liebe und Freude zu leben.

Du brauchst dich vor nichts zu schützen. Alles, was dich erreicht, hat mit dir zu tun und zeigt dir etwas auf, es führt somit zu einer Erkenntnis. Wenn du mit deinem Leben in vollkommener Einheit bist, dann ist dein Herz offen. In diesem Zustand kann dich nichts mehr belasten, denn du bietest keine Angriffsmöglichkeit mehr.

Liebesbeziehung zwischen zwei Menschen

Du kannst auf deinem Erkenntnispfad ohne eine Beziehung sehr weit kommen, doch eine Tür bleibt verschlossen, und die Beziehung ist hierfür der Schlüssel. Deswegen steckt in vielen Menschen die große Sehnsucht nach einer erfüllten Beziehung. Doch wie stellst du dir eine Beziehung vor? Wen ziehst du an? Was ist deine Wahrheit und was ist die Wahrheit des anderen?

In dem Augenblick, wo du dein eigenes Wesen, dein eigenes Potenzial erkannt hast, ist die Beziehung, die in dir wächst, gleichzeitig der Beginn einer Beziehung, die du auch in einem Partner findest.

Wenn ein Urwald zu wuchern beginnt, regeneriert er sich durch vielerlei Möglichkeiten, zum Beispiel durch Feuer, durch Sturm oder durch Mikroben: Er reguliert sich selbst, und so ist es auch beim Menschen. Die Stürme des Lebens verändern den Menschen, Feuer verbrennt und Mikroben verwandeln Mist in Humus. Das Leben ist ein Wechsel von Werden, Wachsen, Gedeihen und Sterben. Daraus entsteht wieder neues Leben. Eine Beziehung kann sich verändern, gleichzeitig kann sie sich erneuern oder es kann sich überhaupt etwas ganz Neues entfalten.

Der Mensch strebt ständig nach etwas. Dieses Streben nach etwas verändert sich, indem der Mensch nicht mehr nach dem strebt, was er glaubt haben zu müssen, sondern das, was er gerne hätte, ist ja schon in ihm vorhanden, und das strahlt der Mensch aus. Deswegen ändern sich die Beziehungen in der Weise, dass sie keine Anforderungen mehr stellen, sondern sie sind in sich selbst schon Beziehung. Weil das so ist, gibt es nichts mehr, was die Beziehungen belastet, sie erleben sich ständig neu, sie gedeihen aus sich selbst.

Erst wenn du dich selbst erkennst, hast du die Möglichkeit, in Beziehung zu treten, ansonsten entsteht nur das, was wir bisher als Beziehung verstanden haben. Diese Beziehungen waren geprägt durch Selbstdarstellung und dadurch, dass wir nicht die Wahrhaftigkeit gelebt haben.

„Wir sind jetzt offen für Beziehungen, die ihrerseits offen sind, im Geiste der Wahrheit ihr ureigenes Wesen zu zeigen. Wir ziehen diejenigen an, die auch im Geiste der Wahrheit leben. Wir leben die Wahrhaftigkeit, wir sind in uns zentriert, wir beugen uns niemandem, wir sind mit allem in Verbindung und aus uns spricht die Wahrheit. Wir sind uns dessen bewusst, dass wir nicht nur Liebe ausstrahlen, sondern wir sind zur Liebe geworden und in diesem Bewusstsein ‚wir sind Liebe' kann nur das auf uns zukommen, was der Liebe entspricht. Die Wahrheit zeigt sich sofort. Die karmischen Spiele, die immer wieder eine Art Stagnation bewirkt haben, lösen sich auf. Sie entlarven sich im Ansatz. Wir gehen den Weg der Freiheit, des gegenseitigen Verständnisses und der aufbauenden Kräfte. Dann können wir das gewaltige Potenzial, das jeder Mensch in sich hat, leben."

Was ist Karma?

Karma ist die Bezeichnung von Handlungen, die du in deinen vergangenen Leben und deinem jetzigen Leben in dieser Welt auf der physischen, emotionalen, mentalen Ebene setzt. Jede Handlung, die du setzt, ist gleichzeitig deine Erfahrung, die du machst.

Erklärungen, wie sie in manchen Religionen gelehrt werden, dass es gute und schlechte Taten gibt, kann Martin nach seiner Erkenntnis nicht nachvollziehen.

Für diejenigen, die sich mit dem Begriff „Reinkarnation" noch nicht auseinandergesetzt haben: Es heißt „Wiedergeburt". Der Körper in seiner physischen Form wird abgelegt, wie ein Kleidungsstück. Die Essenz, der Geist, die Energie geht nicht verloren.

Die Energie verbindet sich mit dem allumfassenden Energiefeld, dehnt sich aus. Ein Teil verdichtet sich, um wieder in einer physischen Form in Erscheinung zu treten.

Die karmischen Spiele

Wenn ich etwas nicht sehen will, schaue ich einfach weg oder mache die Augen zu. Wenn ich etwas nicht hören will, halte ich mir die Ohren zu oder stelle mich taub. Dieses Verhalten ist eine Schutzhaltung. Ich könnte nämlich etwas erkennen, das für mich emotional, erniedrigend, beschämend oder gesellschaftlich nicht vertretbar ist.

Es gibt immer ein Gegenüber, das mir genau das zeigt, was mir fehlt! Alles, was mich emotional belastet, ist ein Grund, genauer hinzuschauen. Jedes Gefühl von „ich bin so arm, mich mag niemand, ich bin nicht gut genug, man sieht mich nicht, ich bin nicht schön genug, nicht erfolgreich usw." macht aus mir ein Opfer. Um aus dieser Opferhaltung herauszukommen, brauche ich einen Täter, dem ich die Schuld zuweisen kann. Der Täter fühlt sich in einem anderen Zusammenhang als Opfer, es kann auch aus früheren Inkarnationen sein. Dieses Wechselspiel Opfer-Täter findet man auch zwischen Nationen immer wieder, es ist das Spiel von „Gut und Böse". Es darf jetzt aufhören durch die Erkenntnis, dass niemand besser oder schlechter ist – weil alles Teil eines Ganzen ist.

Jetzt

Unser Lebensmotto jetzt ist: leben, genießen und feiern. Leben heißt, das Leben in seiner Vielfalt zu erfahren, lebendig zu sein. Wir zelebrieren den Tag!

Der Wunsch kann sich im Außen so zeigen, dass der Wunsch nicht mehr Wunsch ist, denn er ist bereits Realität.

Du kannst Glauben üben, indem du an dich selbst glaubst.
Du kannst Vertrauen üben, indem du dir selbst vertraust.
Du kannst Lieben üben, indem du dich selbst liebst.
Du kannst Hoffnung üben, indem du hoffnungsvoll deinen Weg gehst.
Training für Fortgeschrittene!

Die Geschichte von der Geige

In einem Wald stehen viele Bäume. Jeder Baum weiß um seine Besonderheit. Manche stehen allein, manche im Schatten großer Bäume, andere überhaupt abseits, doch in jedem Baum ist etwas Lebendiges, das ihm sagt: In mir fließt die Kraft des ewigen Lebens. So stehen sie still, bewegen sich nur, wenn sie durch den Wind bewegt werden. Sie genießen den Regen, die Sonne, manche mehr, andere weniger. Sie sind Stürmen ausgesetzt. Es gibt für sie kein Gestern oder Morgen, nur den Augenblick. In diesem Wald hat alles seine Ordnung.

Eines Tages wird die Ordnung durch ein Geräusch unterbrochen. Es ist ein Mensch, der sich langsam durch den Wald bewegt, scheinbar auf der Suche nach etwas. Seine Schritte werden langsamer, schließlich bleibt er vor einem Baum wie angewurzelt stehen, umarmt ihn und presst seine Stirn an die

Rinde. Dann sagt er zu dem Baum: „Ich habe dich in meinen Träumen gesehen. Der Zeitpunkt ist gekommen, wo ich das aus dir machen werde, was du immer schon warst. Du bist Musik und Klang, du bist die Ruhe, du bist die Harmonie. All das ist in dir gespeichert. Du wirst dein Baumleben verlieren, weil ich aus dir ein Instrument machen werde, das durch seine Einzigartigkeit alle verzaubern wird." Der Baum weiß, er hat seine Bestimmung gefunden.

Den Baum erkennend, erntet ihn der Mensch in Dankbarkeit. Der Mensch behandelt das Holz mit Demut und Zärtlichkeit, seine ganze Arbeit ist eine einzige Liebkosung und es entsteht eine wunderschöne Geige. Der Geigenbauer ist begeistert von seinem Werk. Da er selbst sehr gut Geige spielen kann, spielt er immer wieder auf diesem wundervollen Instrument. Er behandelt die Geige wie eine Geliebte, wenngleich er weiß, dass die Geige nicht für ihn bestimmt ist, sondern für einen begnadeten Musiker, der diesem Instrument die wundervollsten Klänge entlockt. Seine Berufung besteht darin, die Geige für jenen zu bauen, für den sie bestimmt ist, und derjenige wird sie finden, wie er selbst den Baum gefunden hat. Aber auch die Geige fühlt, ich bin eins mit meinem Herzen und mit demjenigen, welcher mich erkannt und gefunden hat. Dies ist eine Liebesgeschichte, wie sie es sein könnte, wenn das Erkennende gleichzeitig das Erkannte ist.

Diese Geschichte will uns erzählen, was Beziehung ist und wie Beziehung entsteht: Der Baum hat zuerst sein ganzes Potenzial entfalten müssen, ist gewachsen und gereift, bis er sich dann in seiner ganzen Kraft und Stärke für denjenigen zeigte, der ihn sehen konnte. Er konnte nur von dem gesehen werden, der ihn erkannte. Die Liebe zu dem Baum, die Liebe zu seiner Arbeit und die Liebe zur Musik hat den Geigenbauer dorthin geführt. Durch die Liebe und die Hingabe zu seiner Arbeit konnte diese außergewöhnliche Geige entstehen. Die Geige kann nicht allein spielen, obwohl sie aus dem edelsten

Holz geschnitzt ist, und der begnadetste Musiker kann ohne Geige nicht spielen. Geige und Musiker gehören zusammen.

Die Vierergruppe entsteht

Eines Morgens zogen Martin, Margit, Daniela und ich einfach los. Wir fuhren mit dem Zug und stiegen dann in der Nähe des Kobernaußerwaldes aus, den wir auf der Landkarte entdeckt hatten.

Es regnete in Strömen, es machte uns nichts aus, im Gegenteil, es war eine Freude, miteinander unterwegs zu sein. Bei Wanderern ist es nicht üblich oder sogar „uncool", einen Schirm dabeizuhaben, aber wir gingen wohlbehütet und ziemlich trocken unter dem Schirm durch den Wald.

Ohne auf die Landkarte zu schauen, entschieden wir an den Wegkreuzungen immer wieder aufs Neue, welche Abzweigungen wir nehmen wollten.

Wir gingen oft schweigend nebeneinander, dann tauchten in uns die unterschiedlichsten Fragen auf. Zum Beispiel: Benutzen wir andere, um ein Ziel zu erreichen? Wie oft verbergen wir etwas? Wie ehrlich sind wir zu uns und zu anderen? Wie reagieren wir, wenn wir uns selbst benutzt fühlen? Sind wir ärgerlich, zweifeln wir an der Gerechtigkeit in der Welt? Dass jeder Gedanke eine Energieform ist, die sich verwirklichen will, das wussten wir vom Verstand her schon ganz gut. Aber wie sieht es mit der Umsetzung aus?

Wir sind Suchende! Wir wissen, dass sich unser Leben verändern wird, wenn wir immer mehr die Wahrhaftigkeit in unser Leben integrieren. Es ist ein Prozess, den wir versuchen, im Alltag zu leben. Es gibt Situationen, wo wir nicht ehrlich zu uns selbst und zu anderen sind. Ein Grund ist der, dass wir denken, wir könnten jemanden durch unsere Ehrlichkeit verletzen. Diese Gedanken stressen und führen zu inneren Spannungen, die sich auch mit Unwohlsein im Körper zeigen. Sich selbst zu belügen ist der größte Betrug, den man begehen kann.

Was ist der Garten Eden? Ist er das verlorene Paradies? Es ist ein Zustand, in dem du keine Geheimnisse mehr hast. Du präsentierst dich nackt. Wahrhaftigkeit ist die Urform der Schöpfung, sie kennt keine Geheimnisse!

Genau in dem Augenblick, als wir daran dachten, dass nun eine Mittagspause schön, aber die Rast im Regen nicht so erfreulich wäre, kamen wir an einer kleinen Holzhütte vorbei. Die Tür stand offen. In der Holzknechthütte befanden sich ein kleiner Tisch, eine Eckbank, ein Kanonenofen und der obligatorische Pin-up-Kalender an der Wand. Durch ein kleines Fenster drang Tageslicht herein und wir genossen ein Festessen. Jeder hatte etwas beizusteuern: Martin einen riesigen Sack mit Gojibeeren, ich eine Schachtel feinster Schokolade, Oliven, Brot und Käse, Margit teilte frisches Gemüse und Daniela Obst. Gestärkt wanderten wir weiter, immer durch den dichten Wald, bis wir zu einem Schild mit der Aufschrift „Zur Riesentanne" kamen. Wir hatten schon von ihr gehört und waren froh, dass uns der Weg inmitten dieses endlosen Waldes genau dort vorbeigebracht hatte. Ich träumte davon, einen uralten Baum zu sehen, weil sie mich seit meiner Wanderung durch Patagonien faszinieren. Sie sind Zeugen eines uralten Wissens. Sie stellen die Verbindung zwischen Erde und Kosmos dar. In alten Kulturen wurden Bäume deswegen verehrt, wertgeschätzt und angebetet. Sie geben uns heute noch ein Beispiel, dass auch wir die Wurzeln dazu haben, um mit der Erde verbunden zu sein. Dann sind wir fest verankert und stehen auch fest im Leben. Erst dann können wir die Antennen auf den Kosmos ausrichten. Einer unserer Freunde wurde einmal von einer Journalistin gefragt: „Warum umarmen Sie Bäume?" Er antwortete mit einer Gegenfrage: „Warum umarmen Sie Menschen?" Sie sagte: „Weil ich sie liebe." Unser Freund sagte darauf: „Sehen Sie, darum umarme ich Bäume."

Die Riesentanne war mit einem Stammdurchmesser von zwei Metern und über fünf Metern Umfang der größte und mit 393 Jahren der älteste Baum im Wald gewesen. Da die Besucher der Tanne durch herabfallende, dürre Äste immer mehr gefährdet wurden, fällten am 17. November 1981 Waldarbeiter den Baum und ließen nur noch einen zirka drei Meter hohen Baumstumpf stehen. Das Naturdenkmalschild war immer noch auf den kläglichen Überresten angebracht, die seither langsam verfaulen und mit einem Metallgerüst gestützt werden. Neben einem Picknicktisch stand ein Text aus der Sicht der Riesentanne mit folgenden Worten: „Dieser überdachte Baumstumpf ist der Rest von mir, er möge den künftigen Besuchern noch lange von meiner einstigen Größe künden."

Martin verband sich mit dem Informationsfeld der Riesentanne und sprach folgende Worte: „Ich kann dieses Werk, das an mir zu dem Zeitpunkt begangen wurde, wo ich mich so stark fühlte, verstehen und doch ist eine Wehmut in mir, dass ich dieses irdische Dasein in dieser Weise verlassen habe. Ich war der König des Waldes. Ich habe mit allen Bäumen kommuniziert und alle Bäume haben mit mir kommuniziert. Meine Gedanken, meine Gefühle können nicht die Gedanken der Menschen sein, denn ich entspringe einem anderen Bewusstsein. Dieses Bewusstsein kennt kein Nach-vorwärts-Streben und drückt niemanden nach unten, um sich selbst zu erhöhen. Es ruht in sich. Wir Bäume sind uns unserer Größe und unserer Stärke bewusst."

Einige Tage später wanderten wir über eine große Wiese und Sokrates meldete sich durch Martin: „Ich sehe den Menschen in seiner Einfältigkeit, dass er denen glaubt, die ihm sagen, dass die Welt so sein müsste, wie sie ist. Die Obrigkeit bestimmt, was der Einzelne zu denken hat. Die Wissenschaften sagen ihm, wie er zu funktionieren habt. Die Religionen sagen ihm, wem er zu glauben hat, doch alle diese Formen der Gleichschaltung führen ihn zu dem Denken, in das er sich dann verstrickt und selbst nicht mehr weiß, was er denken und was er glauben soll. Was ist die Obrigkeit? Alle diejenigen sieht er so lange als Obrigkeit, so lange er sich unterordnet."

Wir erkannten für uns: „Wir wollen nicht gleich sein, wir wollen einzigartig sein!" Gleichberechtigung ade! Auf einer spirituellen Bewusstseinsebene sind wir alle gleich-gültig – indifferent. Keiner ist einem anderen über- oder untergeordnet – weder Menschen noch andere Lebewesen.

Die Gesellschaft verändert sich aus sich heraus und durch äußere Einflüsse. Die äußeren Einflüsse sind dann nicht mehr alleinig wirksam, wenn sich der Einzelne aus allen Systemen befreit. Eine neue Gesellschaftsordnung entsteht durch ein Bewusstsein der Einheit, in der jeder Mensch und jedes System ihren Platz haben, jedoch kein System dem anderen über- oder untergeordnet ist. Ein Modell zu finden, das keinen Anspruch auf etwas Absolutes erhebt, kann nur dann funktionieren, wenn sich Menschen mit der Einheit identifizieren: Unterschiedliche Kulturen, Völker, Gesellschaften und Menschen sind nicht mit den gleichen Maßstäben zu messen, da sie aus sich heraus verschiedene Denkmodelle, Erfahrungen, Erkenntnisse und Vorstellungen in sich tragen.

Unsere Erkenntnisreise ist ein ständiges Aufnehmen der gegenwärtigen Situation. Wir befassen uns mit dem, was im Augenblick wichtig ist. Immer dann, wenn wir glauben, wir haben jetzt wieder eine Erkenntnis gewonnen, spüren wir, dass es ein ganz kleiner Schritt zu etwas Neuem ist. Wir tasten uns Schritt für Schritt vorwärts. Menschen, die uns begegnen, sind unsere Wegweiser oder auch Wegbereiter. Alles, was wir erleben, ist durch unsere Beziehungen erschaffen worden, je nachdem, in welcher Beziehung wir gerade zueinander stehen, öffnen oder schließen sich Tore.

Diese Viererkonstellation ist sehr inspirierend, weil sie aus unterschiedlichen Bewusstseinsebenen gespeist wird. Deswegen sind viele Begegnungen erst möglich, weil dieses Bewusstseinsfeld, das wir gemeinsam aufbauen, in seiner Komplexität unterschiedliche Menschen anspricht.

Die Schule des Lebens

Während wir hügelauf und hügelab wanderten, warf Martin plötzlich einen Satz in die Runde, der uns alsbald zu spannenden Erkenntnissen führte. Er meinte: „Brauchen wir Schulen?" Wir haben Schulen, die uns lehren. Wir haben Gesetze, nach denen wir uns richten oder auch nicht. Wir haben Freunde, die uns begleiten. Wir kennen Menschen, die gewisse Wissensgebiete vertreten. Diese Menschen wurden von Lehrern so unterrichtet, dass sie sich dadurch als Gelehrte fühlen. In unseren Schulen werden Kinder gelehrt, was die Lehrer auch gelehrt bekommen haben. Das Gelehrte ist dann im Gedankengut der Schüler. In diesen Schulen gibt es immer mehr Kinder, die nicht mehr das lernen wollen, was man sie lehrt. Sie sind im Auge der Lehrer schwer erziehbar. Diese Kinder, die anders sind als die gut Erzogenen, werden dann ins Abseits getrieben, weil sie scheinbar in ein System, das Ordnung und Disziplin als wichtig erachtet, nicht hineinpassen.

In der Auffassung unserer allgemeingültigen, etablierten Systeme gibt es bestimmte Vorgaben. Diese Vorgaben sind durch das Denken und die Entwicklung der Menschen entstanden. Die Entwicklung bleibt aber nicht stehen. So wie der Mensch bisher dachte, hat seine Berechtigung bis zu dem Zeitpunkt, wo es Menschen gibt, die in ihrem Denken neue Erkenntnisse gewinnen. Es geht nicht mehr darum, das Wissen, das uns gelehrt wurde, zu verdammen, sondern darum,

Wissensgebiete, die sich uns durch Erkenntnisse offenbaren, zu integrieren.

Systeme sind schwerfällig. Sie vertreten immer die Meinung, die sie aus ihren bisherigen Erkenntnissen gewonnen haben. Vieles ist durch die Gesellschaftsformen so ineinander verflochten, dass allgemeingültige Regeln aufgestellt wurden. Die Regeln sind eng miteinander verwoben. Einem Pullover gleich, der mit allen Maschen verknüpft ist und der sich dann auflöst, wenn man nur an einer Laufmasche zieht, ist es auch mit den Regeln der Gesellschaft: Öffnet sich eine Gesellschaftsform, verändern sich alle anderen Systeme. Wenn sich der Pullover auftrennt, kann aus dem gewonnenen Faden ein völlig neues Werk entstehen.

Die Schule des Lebens ist eine Schule, die der Einzelne durchlebt. Jeder, der sich mit der Schule des Lebens auseinandersetzt, weiß, dass die Schule des Lebens Wissensgebiete öffnet, die in herkömmlichen Schulen nicht gelehrt werden, denn die Schule des Lebens ist eine andere Art von Schule. Sie ist eine Selbsterkenntnisschule. In dieser Schule gibt es keine Regeln, in dieser Schule gibt es keine Gesetze, es gibt die Erkenntnisse, es gibt die Erfahrungen, es ist eine Schule, die jeder besucht – doch jeder Mensch lernt in dieser Schule etwas Persönliches. So ist diese Schule eine höher entwickelte Schule als unser gängiges Schulsystem, denn was kann bereichernder sein als eine Schule, die individuell für jeden ein eigenes Lernprogramm erschafft. Die einen sind mit diesem Lernprogramm glücklich, andere erleben es als mühevoll, aber eines ist für alle gleich: Sie entscheiden, welches Programm sie wählen.

Die Aufgabe dieses Lernprogramms ist, dass die Lernenden so lange die Schulbank drücken dürfen, bis sie den Stoff für ihr Leben gelernt haben. Es kann mitunter sehr schnell sein, genau wie in herkömmlichen Schulen, andere dürfen nachsitzen und eine Erfahrung wiederholen. Die Wiederholung gestaltet sich aber nicht so wie in unseren herkömmlichen Schulen. Das Lernprogramm setzt ganz woanders an. Es versucht, den Schüler zu einem allumfassenden Wissen zu führen. Das zeigt: Das, was man in der ersten Lektion nicht verstanden hat, wird nicht wiederholt, sondern in einem anderen Zusammenhang wieder gelehrt.

Nehmen wir den Hauptgegenstand Beziehungen. Beziehungen sind der Kern der Schule des Lebens. Jede Beziehung, gleichgültig welcher Art, fördert sehr viel Selbsterkenntnis. Das dazugehörige Werkzeug beschafft sich der Schüler selbst. Werkzeuge dienen dazu, dass man eine Arbeit leichter, schneller und effizienter erledigen kann. Die Werkzeuge, die uns in diesen Beziehungen zur Verfügung stehen, sind unterschiedlicher Art. Es gibt Werkzeuge, die können wir ganz leicht gebrauchen, und zwar die Werkzeuge, wo man uns genau sagt, was wir zu tun haben. Wenn wir uns so eines Werkzeuges bedienen, dann glauben wir zwar, wir kommen schnell weiter in unseren Beziehungen, doch diese Art von Werkzeug ist trügerisch.

Die Lebensschule, von der wir schreiben, sagt: Erlebe das, was du zu lernen hast, sei bereit, das zu leben, gib Acht auf deinem Schulweg, beobachte dich, beobachte deine Begleiter. Deine Begleiter sind Lehrer und du bist manchmal der Schüler, aber manchmal bist du selbst der Lehrer. Jenseits unserer Ratio ist die Intuition ein Ratgeber. Diese Intuition, die als Ratgeber funktioniert, sagt nicht, du sollst, du musst etwas tun, sondern sie führt dich. Wer sein Leben ohne Intuition lebt, ohne diese Stimme zu hören, der hat es schwerer als jener, der in unseren herkömmlichen Schulen nicht aufgepasst hat, denn durch die Intuition kommen wir zu Wissensgebieten, die uns zu Bewusstseinsebenen führen, die nicht rational erfassbar sind.

Die Kinder – eine philosophische Betrachtung

Die Kinder sind eure Seelen, die euch von Leben zu Leben weitertragen. Sie öffnen euch Möglichkeiten, die ihr noch nicht gelebt habt. Sie sind eure Begleiter, aber sie sind ohne Schule. Achtet darauf, was sie euch zu sagen haben. Sie sagen es nicht in Worten. Oder nur manchmal. Aber sie zeigen es euch. Achtet auf ihre Empfindungen, denn sie zeigen euch, was euch fehlt.

Sie sind nicht eure Kinder, denn eure Kinder seid ihr selbst. Ihr seid durch euch geboren. Euer Leben ist durch eure Kinder entstanden. Eure Kinder sind durch euch entstanden. Ihr seid beides gleichzeitig. Ihr fühlt euch von euren Kindern getrennt und glaubt, sie sind von euch getrennt, doch sie leben ja in euch und haben euch geboren.

Fühlt ihr euch von euren Kindern getrennt, dann habt ihr die Möglichkeit, das Kind in euch wieder zu entdecken. Ihr könnt das Kind in euch durch die Schule des Lebens wieder erwachen lassen. Die Möglichkeit, das Kind, das in euch wohnt, zu entdecken, bietet sich dann, wenn ihr wie eure Kinder werdet. Ihr lebt die Wahrhaftigkeit ohne Ängste und ohne Zwänge und ihr seid gewiss: Was ihr tut und was ihr sagt, ist so, wie es ist.

Im Rhythmus der Erde

Von der Schule des Lebens kamen wir wieder zur Schule des Gehens, und wie so oft gelang es, sich dadurch mit der Erde zu verbinden. Martin erzählte eine Geschichte, die ich in dieser Art noch nie gehört habe:

Wenn du gehst, ist es, als ob die Erde und du sich im gleichen Takt aufeinander einschwingen. Die Erde wird durch deine Bewegung, die du durch das Gehen verursachst, in eine Schwingung versetzt, da du den Kontakt mit der Erde unmittelbar erlebst. Die Erde ist so etwas wie deine Mutter. Als du im Schoße deiner Mutter warst, hast du auch den Herzschlag deiner Mutter gespürt.

Die Erde als Mutter aller Lebewesen, die hier geboren werden, ist eine Mutter, die für alle sorgt. Doch genau wie deine Mutter, die dich geboren hat, will sie geliebt und beachtet werden. Deine Liebe empfängt sie durch die Beachtung aller Wesen. Wenn du die Tiere als deine Geschwister ansiehst, dann hast du einen besonderen Kontakt zu ihnen. Sie geben dir, was auch du ihnen gibst. Menschen, Tiere und Pflanzen trinken aus einer Bewusstseinsquelle. Hast du dir schon einmal überlegt, wie es der Pflanzenwelt geht? Die Pflanzen sind auch deine Geschwister. Auch sie wollen geachtet und geliebt werden. Es ist gleichgültig, wie sie aussehen, wie sie duften, alles entspringt aus dem Schoß der Mutter.

Der Mensch glaubt manchmal, er sei mehr als die Tiere und die Pflanzen, doch der Mensch hat durch sein Verhalten den Zugang zu seinen eigenen Geschwistern verloren. Die Pflanzenwelt hat für den Menschen viele Kräuter, die für seine Gesundheit, für sein Wohlbefinden von großer Wichtigkeit sind. Die Tierwelt empfindet in ihrer Vielfalt für den Menschen sehr viel Liebe. Ein Liebesbeweis ist, sich für den Menschen zu opfern. All das erkennen nur manche Menschen. Was der Mensch seinen Brüdern antut, tut er sich selbst an. Auch seine Schwestern, die Pflanzen, sind betroffen. Was er ihnen antut, tut er sich selbst an.

Die Erde tadelt nicht. Die Erde urteilt nicht. Sie fühlt, und weil sie fühlt, kann sie auch deinen Schritt, der sie berührt, fühlen. Sie gibt dir Kraft, sie stärkt deinen Körper, sie liebkost dich mit ihrer Zärtlichkeit. Spürst du ihren Atem? (Als Martin diesen Satz sagte, blies plötzlich eine sanfte Brise durch den Raum.) Ihr Atem umschmeichelt dich. Er kann aber auch so gewaltig sein, dass er dich wegpustet, doch auch der Atem der Erde hat durch den Menschen viele neue Formen angenommen. Ihr erlebt, wie ihr mit eurer Mutter kommuniziert. Ihr erntet, was ihr sät. Die Ernte ist das Ergebnis eures Tuns, euer Arbeit und eures Bewusstseins. Wenn ihr etwas aus verschiedenen Blickwinkeln betrachten könnt, kommt ihr zu neuen Erkenntnissen, die euch in eurem Bewusstseinsprozess weiterhelfen.

Das Hotel

Wir zogen weiter durch die Lande. Der Weg führte uns über schöne Waldwege und entlang von Feldrainen hinauf und hinab. Wir entschieden jeden Morgen aufs Neue, in welche Himmelsrichtung uns der Weg führen sollte, und wir ließen uns überraschen, wo wir übernachteten. Dabei war es wichtig, dass wir alle vier keine unterschiedlichen Vorstellungen aufbauten, was die Nächtigung anbelangte – denn sonst wurde es schwierig, eine für alle geeignete Übernachtungsmöglichkeit zu finden. Einmal irrten wir deswegen abends noch über eine Stunde durch einen Ort und fanden kein Quartier, da Martin gerne in einem Hotel übernachtet hätte, Margit hingegen eine Pension bevorzugte und ich mich nicht entscheiden konnte, ob ich nun draußen im Schlafsack schlafen wollte oder doch lieber in einem Bett. Dieses Durcheinander passierte uns aber nur ein einziges Mal, ansonsten hatten wir immer ähnliche Vorstellungen. Außerdem vertrauten wir auf das kosmische Reisebüro, das die Fäden zog. Wir lernten, auf die Zeichen zu achten.

Die meiste Zeit über schien die Sonne, doch eines Nachmittags wanderten wir bei einem Hotel vorbei, als es genau in diesem Augenblick zu schütten begann. Wir konnten uns gerade noch unter das Vordach des Hotels flüchten. Martin fragte den Türsteher: „Habt ihr Zimmer?" Dieser meinte: „Ja, die haben wir, wir sind ein Hotel!" Offensichtlich nahm er uns nicht ganz ernst, denn wir machten einen sehr einfachen Eindruck. Als wir allerdings in die Hotellobby eintraten, zog es dem Türsteher vor Staunen fast die Schuhe aus und hätte er die Schnürsenkel nicht so fest zugebunden gehabt, wäre er wohl ohne Schuhe neben uns gestanden. Als wir uns dann aber nach dem Preis erkundigten, waren auch wir etwas perplex. Ein Einzelzimmer kostete 500 Euro für eine Nacht. Wir entschieden spontan, alle zusammen in ein größeres Zimmer zu ziehen, was dann in Summe doch günstiger war. Martin lud ein. Das war der Beginn einer spannenden Reise.

Beim Abendessen fiel uns auf, dass es im Hotel äußerst vornehm zuging. Das Hotelpersonal war sehr höflich und war so geschult, die Wünsche der Gäste zu deren vollster Zufriedenheit zu erfüllen. Hier regierte die materielle Fülle.

Du kannst in der materiellen Fülle, aber auch in der spirituellen Fülle erfüllt sein und das Leben genießen, wenn du nichts ausgrenzt. Martin und ich haben für uns erkannt, dass sich die materielle und die spirituelle Fülle miteinander verbinden lassen. Wenn wir diese Bereiche vereinen, führt uns das zu erweiterten Erkenntnismöglichkeiten. Wir versuchen, alle Aspekte des Lebens kennenzulernen und mit einzubeziehen. Dadurch wählen wir jeden Tag aufs Neue aus einem unendlichen Feld an Möglichkeiten.

Beim Auschecken fragte uns der Rezeptionist: „Waren Sie zufrieden?" Wir bejahten. Dann erzählte Martin kurz, was ich machte: „Er ist zu Fuß von Österreich nach Japan gewandert und hat auf dieser Reise viele verschiedene Facetten des Lebens kennengelernt." Auf einmal begannen die Augen des jungen Rezeptionisten zu leuchten: „Zu Fuß nach Japan! Sind Sie wirklich zu Fuß um die Welt gewandert?" Ich erzählte ihm kurz die Geschichte meiner dreijährigen Wanderung, worauf der Rezeptionist begeistert antwortete: „Ich habe seit Jahren davon geträumt, auch eine lange Wanderung zu machen, aber bisher habe ich immer nur Menschen getroffen, die mir erklärt hatten, dies wäre unmöglich. Sie sind der Erste, dem ich begegne, der mir zeigt, dass es geht." Nun wussten wir, warum uns das kosmische Reisebüro in das Hotel geführt hatte. Wir sind vorbeigekommen, um ein Licht anzuzünden.

Wir zogen weiter und spazierten einen See entlang. Bereits nach kurzer Zeit hüpften wir alle nackt ins Wasser. Wir waren ungestört und ganz allein. Zu unserer Freude begann es noch zu regnen. So genossen wir den warmen Sommerregen, während wir im kalten See unsere Runden schwammen.

Der Kräutergarten

Martin und ich wanderten allein weiter. Wir kamen genau in dem Augenblick an einem Kräutergarten vorbei, als dieser geöffnet wurde. Zwei Kräuterfeen erklärten uns die verschiedenen Pflanzen. Als Martin zielstrebig auf eine Pflanze zusteuerte und begann, ein Blatt nach dem anderen zu kauen, reagierte eine der Damen mit Verwunderung und sagte zu Martin: „Ein Arzt hat davon gegessen und ist gestorben." Einige Tage später entdeckten wir in einem Kräuterbuch, dass es sich bei dieser Pflanze angeblich um die giftigste Europas handelt.

Wir erkannten, dass diese Pflanze Auswirkungen auf unsere Wahrnehmung hat. Ich entschied im Kräutergarten, nichts von der Pflanze zu probieren, aber vier Wochen später verspeiste ich zum Frühstück genüsslich ein kleines Stück. Ich spürte, wie sich dabei mein Seh- und Hörvermögen verfeinerte.

Beim Einsatz von pflanzlichen und chemischen Arzneimitteln zeigt sich deutlich, dass die jeweilige Dosierung von mehreren Faktoren abhängt. Es gibt in allen Bereichen eine Vielzahl von Möglichkeiten: Menschen reagieren niemals gleich, denn jeder hat unterschiedliche körperliche, emotionale und mentale Voraussetzungen. Eine allgemeingültige Regel gibt es nicht. Je besser ich mich kenne, desto mehr Vertrauen habe ich zu meinen Entscheidungen. Ich kann für mich erkennen, in welchem Zustand ich mich gerade befinde, und entscheiden, wie ich reagiere. Wenn ich mich kenne, weiß das niemand besser als ich selbst.

Nachdem Martin auch noch die Damen, die sich nach und nach im Kräutergarten einfanden, behandelt hatte, spazierten wir weiter und als wir kurze Zeit später von einer Anhöhe auf den Wolfgangsee hinunterblickten, meinte Martin: „Wir leben im Paradies." Das gilt es, zu sehen und zu erkennen!

Im nächsten Ort trafen wir am Würstelstand einen Hotelbesitzer, der uns einlud, in seinem Gasthof zu nächtigen. Er meinte: „Normalerweise kostet das Zimmer 40 Euro, aber weil ihr Wanderer seid, lasse ich euch 5 Euro nach." Nachdem wir in der Nacht davor für Kost und Logis zusammen 1000 Euro ausgegeben hatten, freuten wir uns über die Vielfalt, die uns auf der Wanderung geboten wurde. Gerade die Gegensätze machen das Leben spannend. Wir fühlten uns im Fünfsternehotel genauso wohl wie im Gasthof, für unser Wohlbefinden machte es keinen Unterschied.

Der Weg in den Osten

„Lebensfreude kommt, wenn wir Vertrauen in das Leben setzen."

Martin, Margit, Daniela und ich begannen die zweite Wandertour in diesem Sommer mit einem gemeinsamen Frühstück im Bahnhofscafé. Die Himmelsrichtung, die wir diesmal einschlagen würden, war anfangs noch nicht klar, und so genossen wir zunächst Kaffee und Kuchen. Nach einem Blick auf die Anzeigetafel entschieden wir uns, mit dem Zug in den Osten zu fahren, und stiegen in der Pannonischen Tiefebene unweit der österreichisch-ungarischen Grenze aus.

Die erste Nacht verbrachten wir in einem Hotel namens „Wende" – ein Zeichen dafür, was noch kommen sollte? Bei strahlend schönem Wetter spazierten wir am nächsten Morgen entlang des Neusiedler Sees. Da der Weg nicht allzu viel Abwechslung bot, kamen wir auf das altbewährte Thema „Beziehungen" zu sprechen: Beziehungen entstehen meist in einem Spannungsfeld aus der Sehnsucht nach Geborgenheit auf der einen und dem Wunsch nach Selbstverwirklichung auf der anderen Seite. Äußere Merkmale wie Status, Macht, Einfluss und Geld wirken anziehend und führen dazu, dass Menschen zueinander finden. Da sich Menschen unterschiedlich entwickeln, kann es zu gegensätzlichen Auffassungen kommen, und die anfangs wichtigen Übereinstimmungen verlieren an Bedeutung.

Die Menschen sehnen sich nach dem, was sie in sich fühlen. Sie können dieses Gefühl jedoch nicht leben, wenn sie den Fokus nur auf die Spannungen in der Partnerschaft legen. Dieses Spannungsfeld wird aufrechterhalten, weil die Moralvorstellungen der Gesellschaft davon ausgehen, dass man verheiratet ist, bis der Tod die Menschen voneinander scheidet, und weil man die bestehende Familiensituation nicht verändern will. Neue Situationen sind mit Ungewissheit verbunden.

Die Liebe hört nicht auf. Die Liebe ist ein Grundbaustein. Sie ist in jedem von uns. Das herkömmliche Denken ist immer wieder auf Personen bezogen. Die Form des Zusammenlebens kann sich verändern. Die Gemeinsamkeiten können zu Ende sein. Der gemeinsame Weg verändert seine Form. Dadurch entstehen neue Beziehungsmodelle.

Spiele sind da, um zu lernen, um sich zu bewegen. Sie haben keine Bedeutung mehr, wenn Herz und Geist sich auf einer Bewusstseinsebene finden. Die vielen Ebenen sind so ausgerichtet, dass sich Menschen auf der Bewusstseinsebene anziehen, auf der sie sich im jeweiligen Augenblick befinden. Eine Veränderung im Bewusstsein bringt auch eine Veränderung zwischen den Menschen. Die Anziehung verstärkt sich, wenn Menschen auf verschiedenen Ebenen des Bewusstseins gleich schwingen. Man kann die unterschiedlichen Ebenen mit einem Haus mit vielen Räumen vergleichen. Jeder Raum ist anders ausgestattet. Man kann sich die Räume, in denen man sich wohlfühlt, aussuchen.

Wie ein regulierter Fluss, der in Bahnen gelenkt wird, versuchen die Partner, sich mitunter auch in die vom anderen gewünschten Bahnen zu lenken; doch jeder Bach fließt anders und ist somit einzigartig. Die Vielfalt der Erfahrungen, die wir machen, macht uns als Menschheit aus. Auf dass uns die Liebe verbindet. Die Freiheit ist der Weg zur Liebe und die Liebe ist der Weg zur Freiheit!

Authentisch leben

Wir wanderten über die grüne Grenze nach Ungarn. Über hunderte Meter erstreckte sich ein riesengroßes Hanffeld. Weit und breit keine Menschenseele. Die Grenzzone war leer. Der Stacheldraht ist weg, die Wachtürme sind abgetragen, die Natur breitet sich aus. Der Fall der Mauer hat gezeigt, welche Kraft im Volk steckt. In der DDR riefen die Menschen damals: „Wir sind das Volk!" Der entscheidende Impuls geht immer wieder von einzelnen Menschen aus.

Es gibt unterschiedliche Grenzen – nicht nur zwischen Ländern, sondern auch Grenzen, die ich mir selbst aufbaue.

Wenn ich mir ständig selbst Grenzen setze, werde ich auch im Außen immer wieder auf Grenzen stoßen.

Beim gemeinsamen Frühstück in Ungarn fragte Martin: „Woran krankt die Gesellschaft?" Danielas Antwort kam prompt: „Sie krankt an einem Mangel an Zeit." Zeit, zu lieben. Zeit, zu gehen. Zeit zur Muße. Zeit, zu essen. Zeit füreinander. Zeit, zu feiern. Zeit, zu sein.

Zeit ist auch eine Begrenzung. Was die Menschen in der zivilisierten Welt am meisten beschäftigt, ist, dass sie keine Zeit haben, dass sie ständig getrieben sind – durch eine Unruhe, die sie aber selbst erschaffen.

Zurück in Österreich, begegneten wir Franz, dem Gemeindearbeiter. Er erzählte uns, er würde am liebsten zu Fuß nach Santiago und wieder zurück gehen, aber er müsse noch vier Jahre bis zur Pensionierung absitzen, obwohl ihm die Arbeit schon lange keine Freude mehr bereitet. Innerlich hat er vielleicht schon längst gekündigt. Da er den Fokus darauf richtet, was ihm keine Freude bereitet, was ihn einschränkt, ist er nicht mehr bereit, seine Fähigkeiten einzusetzen. Er schneidet sich von seiner eigenen Kraft ab.

Welche Möglichkeiten könnten sich ergeben, wenn er sich tatsächlich einmal eine Auszeit nimmt, um dann mit frischem Elan zurückzukehren und die Arbeit wieder mit Freude fortzusetzen? Oder gar unterwegs den Mut zu finden, eine neue Arbeit zu suchen? Zwänge entstehen, wenn Menschen nur einen Weg oder gar keinen Ausweg sehen.

Der Weg führte uns zu einem Schloss. Bereits in der Hotelbeschreibung war von zwei Schlossgeistern die Rede. Beim fürstlichen Abendessen im ehrwürdigen Rittersaal wurden wir vom Schlossherrn persönlich bewirtet, der erzählte, dass er den eher unangenehmen Gästen immer den Tisch zuweist, an dem es spukte. Dadurch blieben jene Gäste nicht allzu lang beim Abendessen sitzen, sondern zogen sich bald in ihre Gemächer zurück. Dann hat der Schlossherr seine ersehnte Ruhe, die er sich nicht oft gönnt. Er sprach davon, seit seiner Zeit beim Bundesheer „funktionieren zu müssen". Nun ist es das Finanzamt, das ihn scheinbar antreibt. Dabei träumt er so sehr davon, einmal länger mit seinem Motorrad loszufahren.

Der Ausbruch aus dem selbst gebauten Gefängnis gelingt, wenn ich meine Bedürfnisse wahrnehme. Wir können die Wahrhaftigkeit in den scheinbar kleinen, alltäglichen Dingen immer wieder praktizieren. Wenn ich in ein Gespräch verwickelt bin, in dem es für mich keine Austauschmöglichkeiten gibt, kann ich mir überlegen, ob ich das Gespräch in dieser Form weiterführen will. Martin lieferte diesbezüglich einmal einen fulminanten Abgang. Er war bei einem Geburtstagsfest eingeladen und alle schwatzten durcheinander, was ihn sehr störte. Es gab keinen gemeinsamen Dialog. Schließlich sprang er auf und verkündete: „Ich halte euch nicht mehr aus!" Dann verließ er die Feier.

Es geht darum, dich selbst immer mehr zu leben, deine Bedürfnisse wahr- und ernst zu nehmen und diese auch im Alltag klar zu kommunizieren. Du sprichst das an, was dich bewegt. Wenn du hingegen eine Handlung setzt, die nicht deinem Wesen entspricht, nimmst du dir Energie. Mit der Zeit lernst du aber immer besser, dir selbst nicht mehr im Weg zu stehen, und hörst schließlich ganz damit auf.

Im Kleinen geschieht, dass du immer authentischer wirst, indem du bewusst auf deine Bedürfnisse achtest. Wenn etwas für dich nicht passt, dann sage es, ändere es und denke nicht nur: „Das passt aber jetzt nicht für mich", denn in der Folge schickst du dem anderen dadurch ständig diesen Gedanken, weil du zu feige bist, etwas zu sagen. Es geht um Wahrhaftigkeit und Ehrlichkeit! Je ehrlicher du zu dir selbst bist, desto ehrlicher ist das Leben mit dir.

Die Geschichte vom Esel und dem Pferd

Ein Esel und ein Pferd unterhalten sich. Der Esel fragt das Pferd: „Bist du zufrieden mit deinem Leben?" Das Pferd sagt: „Ja natürlich, ich habe viele Freiheiten." – „Welche?", fragt der Esel. „Ich darf jeden Tag ausreiten, dann komme ich auf die Weide zu meinen Freunden. Wir haben immer genug zu fressen. Am Abend gehe ich in den Stall oder ich bleibe auf der Weide. Es bleibt mir überlassen." – „Na ja, das ist schon was. Hast du niemals Sehnsucht nach der wirklichen Freiheit, wo es keine Koppeln, keine Zäune und keine Ställe gibt?" – „Diese Freiheit kenne ich nicht", sagt das Pferd, „wenn es sie gäbe, würde ich versuchen, dorthin zu gelangen." Da sagt der Esel: „Ich bin zwar nur ein Esel, doch ich habe als kleiner Esel diese Freiheit schon gesehen." – „Wo ist diese Freiheit?" – „Die Freiheit ist dort", sagt der Esel, „wo der Himmel und die Weide sich berühren." – „Kennst du den Weg dorthin?", fragt das Pferd. „Ja", sagt der Esel, „wir müssen zuerst alle Hindernisse überwinden und überspringen, die uns daran hindern, dorthin zu gelangen." Das Pferd wendet ein: „Haben wir dort auch genug zu fressen und eine sichere Unterkunft?" Der Esel sagt: „Dort ist alles in Fülle vorhanden, doch du musst selbst für dich sorgen. Dein Dach ist der Himmel, dein Fressen ist dort, wo du es findest." – „Zuerst redest du von Freiheit", meint das Pferd, „und dann muss ich mich selbst um mein tägliches Futter bemühen. Hier bekomme ich alles. Wenn der Winter kommt, erhalte ich Heu, ich werde gebürstet, wenn ich krank bin, gibt mir der Tierarzt eine Spritze. Ich glaube, deine Freiheit ist mir zu anstrengend." Der Esel sagt darauf: „Ich wollte dir nur die Möglichkeit aufzeigen, dass es noch etwas anderes gibt als das, was du hier hast." – „Danke, Esel, für den Tipp", sagt das Pferd und galoppiert in seiner Koppel herum. Der Esel denkt sich: „Es ist gar nicht so leicht, sich für die

Freiheit zu entscheiden, weil ein jeder sie zuerst in sich selbst entdecken muss."

Bist du ein Wildpferd, das in der Weite der Steppe frei unterwegs sein will? Das Wildpferd denkt sich: „Ich kann ja in der Freiheit wieder Weggefährten finden, die auch frei sind und mit denen ich die Freiheit genießen kann. Ich muss ja nicht allein sein in der Freiheit."

Bist du ein Stallpferd, das sich freut, wenn es täglich gefüttert wird und diese „Sicherheit" genügt bereits für ein erfülltes Leben?

Bist du ein Kutschenpferd, das gern auf fest gefahrenen und bereits oftmals begangenen Wegen ausreiten will – sich aber dann doch wieder freut, wenn es daheim gefüttert und gestriegelt wird?

Bist du ein Pferd in der Koppel, das sich über einen beschränkten Auslauf freut, aber gleichzeitig die „Sicherheit" des Zauns schätzt?

Manche fühlen sich wohl, wenn sie eingesperrt sind. Das Pferd in der Koppel denkt sich: „Was gibt es Schöneres als ein Leben in der Koppel: Da werde ich gestriegelt, da werde ich ausgeritten, ich werde gefüttert."

Es gilt zu erkennen, was du bist, und nicht, eine Rolle zu spielen, die dir nicht entspricht oder sogar zu sagen, dass du lernen musst, dich in der dir „fremden" Rolle zurechtzufinden. Doch warum sollst du lernen, was du nicht sein willst?

Heil sein

Martin, Margit und ich lagen in gemütlichen Liegestühlen. Ruhe allein reicht uns nicht zum Ausgleich. Der Körper will sich auch bewegen. Daher hatten wir während unserer Ruhetage immer wieder das Bedürfnis, unseren Körper und unser

Energiesystem durch energetische Übungen und gegenseitige Berührungen zu aktivieren.

Gesundheit ist ein lebenslanger Prozess, der sich ständig verändert. Heil sein bedeutet für uns vier, auf allen Ebenen gesund zu sein. Um heil zu sein, beschäftige ich mich mit mehr als nur mit meinem Körper.

So wie einige unserer engen Freunde haben auch wir keinen Hausarzt. Unsere Vorsorgeuntersuchung besteht darin, unseren Körper zu kennen, auf unser Gleichgewicht zu achten und zu beobachten, wie sich Gefühle und Gedanken augenblicklich im Körper bemerkbar machen. Das können wir ganz genau an uns beobachten.

Das Leben ist ein Wechselspiel von Gedanken, Gefühlen und Handlungen, die in verschiedenen Formen deinen Körper belasten oder entlasten. Betrachte daher deinen Körper in deinem jetzigen Zustand als ein Spiegelbild deines Denkens. Der Zustand deines Körpers verändert sich durch die Ausrichtung deiner Gedanken. Du tust oder unterlässt etwas, wenn sich deine Gedanken verändern, denn jeder Gedanke ist Schöpfung und will sich in einer Form manifestieren und erfüllen.

Jeder Gedanke ist Schwingung und diese Schwingung verstärkt sich, wenn der Gedanke in ein Gefühl geht. Gefühle entstehen aus den Gedanken. Sobald der Gedanke gefühlt wird, will er sich verwirklichen und manifestiert sich in der Folge auch im Körper. Die Aufgabe des Gedankens ist, sich zu verwirklichen. Du kannst ihm durch ein Gefühl Hilfestellung geben. Sobald der Gedanke gefühlt wird, ist er im Emotionalkörper. Der Emotionalkörper versucht, den Gedanken zur Realität werden zu lassen. Darum sind Menschen, die sehr starke Emotionen entwickeln, stark im Manifestieren von Gedanken.

Wenn dich Gedanken plagen, dann versuche nicht, den Gedanken auszuschalten, sondern denke daran, dass der Gedanke eine Energieform ist, die dann an Kraft gewinnt, wenn du ihn immer wieder denkst. Bewegung ist nicht nur für deinen Körper von größter Wichtigkeit, sondern sie befreit auch dein Denken und erlaubt es den schöpferischen Energien, deinen Körper und deinen Geist zu inspirieren. Der bewusste Atem ist eine wunderbare Möglichkeit, um in die Leere zu gehen und die Gedanken auszuschalten. Wenn du genau auf den Atem achtest, kommst du rasch in einen Zustand der Gedankenlosigkeit und dadurch kann dein Körper zur Ruhe kommen, denn unter dem ständig andauernden Gedankenfluss wird der Körper immer belastet. Gerade wenn du unter Spannung stehst, atmest du nur mehr ganz flach, und so wird der Körper nicht ausreichend mit Sauerstoff versorgt. Anspannung und Entspannung sollten immer wieder ins Gleichgewicht kommen. Eine gewisse Grundspannung ist nötig, um aktiv auf Veränderungen reagieren zu können und somit offen zu sein für das, was entstehen kann.

Der wichtigste Ausgangspunkt für eine Neuorientierung ist, den Zustand der Leere zu erreichen. Den Zustand der Leere erkennst du, wenn deine Gedanken nichts mehr wollen, wenn sie nichts mehr erhoffen, wenn deine Gedanken keine Wünsche mehr äußern. In dem Augenblick, wo du keine Erwartungen und Vorstellungen mehr hast, wie etwas zu sein hat, können sich in dir jene Kräfte vereinen, die in dir schlummern und darauf warten, geweckt zu werden. Aus diesem Zustand heraus entwickelst du eine innere Stabilität und Flexibilität, in der du dein ganzes Potenzial selbst entdeckst.

Im ausgeglichenen Zustand bist du in Verbindung mit der Nullenergie. Wenn du diesen Zustand auch nur ein einziges Mal erlebt hast und weißt, wie gut er sich anfühlt, sehnt sich der Körper immer wieder danach, in den Zustand zu gehen, in dem er mit der Nullenergie verbunden ist. In diesem Augenblick ist der Körper im Gleichgewicht, lebst du den Augenblick und möchtest an keinem anderen Ort sein, belasten dich keine

Gedanken und du fühlst einfach nur den Zauber des Seins. Du fühlst dich getragen, du fühlst dich glücklich – voll und ganz zufrieden!

Die Nabe und die Speiche des Rades

Im Zentrum deines Selbst bist zu zentriert. Einem Rad gleich, das aus Nabe und Speichen besteht, bist du hingegen nicht nur das Zentrum, sondern auch mit der Außenwelt verbunden. Dein Körper ist die manifestierte Form deines Geistes, der in dieser Form, wie er erschaffen wurde, dir genau die Möglichkeiten bietet, um dich selbst zu erkennen, und dadurch neue Möglichkeiten findet, um das zu erfahren, was zum jetzigen Zeitpunkt in der Blaupause deines Lebens von Wichtigkeit ist. Die Blaupause beinhaltet, was du dir in diesem Leben erschaffst oder was du in diesem Leben unterlässt. Du hast die Möglichkeit, altes Wissen neu zu interpretieren, weil du wie ein Baum das Bedürfnis in dir trägst, zu wachsen und Früchte zu tragen. Der ewige Kreislauf des Lebens ist ein Zusammenspiel von Säen, Wachsen und Ernten. Alles ist in dir angelegt, du bist die Saat, der Baum und die Frucht. Jeder Samen hat die Anlage des Baumes in sich. Er hat die Möglichkeit, dass er in einem neuen Boden keimt, die Erfahrungen des neuen Bodens aufnimmt und somit auch eine andere Entwicklung nimmt als der Baum, der er vormals war.

Die Wege, die du gehst, sind ähnlich dem des Baumes. Das Leben beginnt von Neuem, wenn du dein bisheriges Leben, das du als vollständig und abgeschlossen betrachtest, in eine neue Phase der Entwicklung bringst. Indem du dich neuen Möglichkeiten öffnest, die dir das Leben bietet, erwacht in dir ein neuer Keim, der dich das Leben unter neuen Voraussetzungen erfahren lässt. Das, was du bisher als dein Schicksal bezeichnet hast, ist durch dich selbst entstanden, weil es in deinem Plan, den du dir selbst geschrieben hast, so vereinbart wurde.

Die Möglichkeit, dein Schicksal selbst zu gestalten, ist deswegen eine so große Herausforderung, weil wir durch die Speichen des Rades mit vielen anderen Schöpfern verbunden sind. Jeder dieser Mitschöpfer ist gleichzeitig wie wir in einem Lebensprozess, der durch die Schöpferkraft des Einzelnen in ein harmonisches Ganzes drängt. Diese harmonische Ganzheit ist durch ein Wechselspiel von Erfahrungen und Handlungen gegeben. Nicht nur der Einzelne ist in diesem Schöpfungszyklus der alleinige Schöpfer seiner Umstände, sondern die Gesamtheit ist in diesen Schöpfungsprozess involviert. Der Einzelne als Individuum hat nur die Möglichkeit, aus der Vielfalt der Möglichkeiten einen Beitrag zu leisten, der im Gesamtschöpfungspotenzial ausgedrückt wird.

Die Möglichkeit, unser Gehirn neu zu programmieren, geschieht durch das vernetzte Denken. Der Einzelne spielt als Individuum zwar eine große Rolle, doch im Miteinander und Füreinander macht er im Bewusstsein der Einheit auch eine neue Dimension des Verstehens und des Zusammenlebens möglich. Es kann und darf das entstehen, was viele Philosophen der letzten Jahrhunderte zu erklären versuchten. Das „Menschsein" ist nicht nur durch Materie zu verstehen, sondern der allumfassende Geist ermöglicht erst der Materie die Form und die Gestaltung. Die Menschheit ist ein Ausdruck des allumfassenden Geistes, der sich durch die Materie in seiner Einzigartigkeit selbst erkennt. Durch das Gegenüber, das außerhalb und doch innerhalb des Geistes ist, öffnet sich der Geist, der die Materie erst erschaffen musste, um sein eigenes Wesen zu erkennen. Unser Körper ist ein Abbild des allumfassenden Geistes, der sich manifestierte, um das Unsichtbare in das Sichtbare zu bringen. Es ist die Botschaft unseres Körpers, die uns mitteilt, dass wir in dieser Welt der Materie nur dann in Harmonie mit dem allumfassenden Geist sind, wenn wir unserem Körper Aufmerksamkeit schenken, damit wir den Körper und den Geist verstehen. Dieses Bewusstsein, das uns hilft, Materie zu verstehen, hilft uns auch, Materie so zu gestalten, dass die Materie und der allumfassende Geist im Einklang sind. Mensch sein heißt, das Wesen, das wir sind, in einer überdimensionalen Beschaffenheit zu verstehen und auch in dieser Dreidimensionalität zu erkennen, dass es außerhalb und innerhalb unseres Körpers viele Ebenen gibt, die auf uns als Individuum einwirken.

Der Körper

Die Kommunikation zwischen Körper und Bewusstsein wird durch das Kennenlernen und Verstehen des eigenen Körpers gefördert. Der Körper ist ein Mikrokosmos. Somit können wir über den Körper alles erfahren. Wir sind Materie und Geist. Der Körper funktioniert genauso wie das Universum, daher kann ich über meinen Körper sogar Rückschlüsse auf Planeten und Sterne ziehen. Über die Körperebene kann ich Zusammenhänge spüren und viele Erkenntnisse gewinnen. Manchen gelingt das über Grenzerfahrungen, andere wiederum gehen in die Stille und Einkehr. Ich kann auch meinen Körper immer besser beobachten: Was tut mir gut? Wann entstehen Blockaden? Wie fühle ich mich körperlich, wenn ich in Gesellschaft mit bestimmten Menschen bin? Und natürlich ist auch Bewegung ein wunderbarer Weg, um den Körper zu erkennen und zu erspüren. Es gilt, die Bewegung zu machen, die mir Freude bereitet.

Je mehr ich spüre, desto erfüllter wird mein Leben. Ich lerne immer besser, zur richtigen Zeit am richtigen Ort mit den richtigen Menschen zu sein, die mir auf meinem Erkenntnisweg guttun. Das Gefühl, ob etwas stimmig ist oder eben nicht, wird mit der Zeit immer klarer. Es gelingt, auf die Zeichen zu achten und dementsprechend meine Entscheidungen zu treffen. Wer einmal den Energiefluss im ganzen Körper gespürt hat, wer weiß, wie sich das anfühlt, will fortan immer öfter dieses Fließen spüren, und schließlich wird die Sehnsucht nach einem erfüllten Leben im Einklang mit sich selbst, mit der Erde und den Mitmenschen so stark, dass man sich überhaupt nicht mehr dagegen wendet, weil man nicht gegen seine eigene Natur leben will.

Es ist nicht im Sinne des Körpers, dass wir ihn vernachlässigen, dass wir ihn überstrapazieren und ihm Leistungen abverlangen, die ihm nicht entsprechen. Wir können den Körper nicht nur physisch überstrapazieren, sondern ihn auch durch Gedanken und Gefühle an den Rand des Zusammenbruchs führen.

Gedanken, Emotionen und Gefühle können den Energiefluss stören oder fördern. Was uns kränkt, macht uns krank. Es gibt Erschöpfungszustände, die nicht aus einer körperlichen Überanstrengung entstehen, sondern sie haben ihren Ursprung im mentalen und emotionalen Bereich. Dadurch kann der Körper aber so stark geschwächt werden, dass dieser Zustand zu einem Burnout führt und der Mensch in der Folge auch körperlich am Ende ist. Wie kann ich daraus aussteigen? Indem ich Schritt für Schritt meinen Weg gehe, zu mir stehe und einfach immer mehr das tue, was mir guttut und was ich gerne mache! Dazu muss ich aber zuerst wissen, was ich will!

Die Zugvögel wissen genau, wann sie wegfliegen und wo sie hinfliegen, und sie kommen genau dorthin zurück, von wo sie weggeflogen sind. Wenn auch wir auf unser Innerstes ausgerichtet sind, dann ist der Weg klar:

– so möchte ich leben;
– diesen Weg möchte ich gehen.

In diesem Fall bin ich wie ein Zugvogel klar ausgerichtet und es stellt sich überhaupt nicht mehr die Frage, ob ich am richtigen Ort bin. Wenn ich im Vertrauen bin, fügt sich alles wie von selbst.

Zwischen Suppe und Hauptspeise

Helmut ist Biobäcker. Er lebt seine Arbeit und die damit verbundene Philosophie. Deswegen ist sein Produkt einzigartig und die Nachfrage danach groß. Seiner Verantwortung sich selbst, seiner Familie, den Kunden und der Erde gegenüber versucht er, gewissenhaft gerecht zu werden. Als er sich endlich wieder Zeit nahm, Sport zu betreiben, passierte der Unfall: Ein Bänderriss und ein zertrümmerter Knochen waren die Folge. Um wegen einer derartigen „Kleinigkeit", wie er es nannte, seinen Freund Martin nicht zu belasten, ging er ins Krankenhaus, ließ sich verschrauben und einen Gips verpassen. Ich erfuhr über Freunde von Helmuts Unfall, rief ihn gleich an und fragte Helmut: „Was muss noch passieren, dass du dich meldest, wenn es dir nicht gut geht? Martin hilft dir sicher gerne!" Helmut war darüber sehr froh und bereit, sich auf eine energetische Behandlung einzulassen. Er wollte die Zusammenhänge, die zu dem Unfall geführt hatten, erkennen und war offen für Veränderung.

Martin verbrachte gerade seinen Urlaub an einem schönen See im Salzkammergut. Margit und ich kamen immer wieder auf Besuch. So auch an jenem Tag, als Helmut in Begleitung seiner Frau Karin mit eingegipsten Fuß und Krücken in den Gastgarten des Kirchenwirts humpelte. Martin, Margit, unsere Freunde Gottfried und David und ich saßen dort gerade beim Abendessen. Helmut entschied sich spontan, den Gips zu entfernen. Während Martin sein Süppchen löffelte, entfernte Gottfried mit der Gartenschere den Gips.

Karin wurde nervös und wandte ein: „Aber der Doktor hat doch gesagt, dass der Gips mindestens vier Wochen oben bleiben muss. Der Doktor wird es schon wissen. Ich mache mir Sorgen, dass Helmut gleich weitermacht wie vorher."

Martin zu Karin: „Hast du mein Buch gelesen?"

Karin: „Ja!"

Martin: „Dann hast du es nicht aufmerksam gelesen. Was ich mache, ist kein Hokuspokus, das nennt man geistig-energetisches Heilen. Energetische Behandlungen werden von vielen als Wunder abgetan, doch sie haben gar nicht so viel mit Wunder oder Zauberei zu tun, sondern sind logisch zu erklären."

Karin: „Aber der Knochen kann ja nicht so schnell zusammenwachsen."

Martin: „In deinem Verständnis von Zeit, das du von der körperlichen Ebene hast, stimmt das, aber es gibt auch noch eine andere, die Bewusstseinsebene, in der Zeit keine Bedeutung hat, und auf dieser Ebene arbeiten wir. Viele denken nur linear, aber in einem übergeordneten Bewusstsein geschieht alles gleichzeitig. Spontanheilungen sind dann möglich, wenn es keine Widerstände gibt und die kosmische Energie frei fließt."

Plötzlich stürmte die Wirtin aus dem Gasthaus und begann zu schimpfen: „Wie könnt ihr nur so unverantwortlich sein und den Gips herunterschneiden!" Sie spürte wohl, dass in ihrem Gastgarten gerade etwas geschah, das ihr Weltbild ordentlich ins Wanken bringen könnte. Im nächsten Augenblick kam eine Gruppe junger Frauen zum Poltern in die Gaststube und die Wirtin war über die Ablenkung sichtlich erleichtert. Begeistert rief sie aus: „Mein Gott, freu' ich mich, dass ihr bei mir vorbeikommt!"

Während Gottfried noch damit beschäftigt war, den Gips zu entfernen, arbeitete Martin bereits mit Helmut. Martin erklärte: „Es werden Informationen zwischen dem gesunden und dem gebrochenen Bein ausgetauscht. Da dein ganzer

Körper Informationsträger ist, können diese Informationen aus verschiedenen Bereichen abgerufen werden. Durch die Behandlung werden deine Selbstheilungskräfte aktiviert, was den Energiefluss deines Körpers anregt. Du brauchst nur offen, frei von Widerständen zu sein. In dem Augenblick, wo du aufhörst, die Möglichkeiten einzuschränken, kann Heilung passieren." Martin stellte Helmut einige Fragen zu seiner Arbeit und seinem Leben. Noch bevor die Hauptspeise kam, stand Helmut schon ohne Gips und Krücken auf und spazierte durch den Gastgarten. Viele der anderen Gäste schauten demonstrativ weg, denn es darf ja nicht sein, dass jemand mit einem gebrochenen Bein sofort wieder gehen kann. Also durfte die Spontanheilung in ihrem Weltbild auch nicht passieren. Die mittlerweile entspannte Karin freute sich hingegen: „Hole mir doch bitte gleich den Pullover aus dem Auto, wenn du schon wieder gehen kannst. Mir ist kalt." Das alles geschah zwischen Suppe und Hauptspeise. Wir konnten uns endlich unserem Essen widmen.

Immer wieder wird gefragt, ob es Ausbildungsseminare für diese Form der Behandlung gibt: Die Aus- und Weiterbildung für diese Energiearbeit besteht aus dem gemeinsamen Unterwegssein, dem ständigen Austausch von Informationen und Gefühlen und dem bewussten Wahrnehmen und Erkennen. Dieser Austausch beinhaltet alle Lebensbereiche.

Heilung hat nichts mit Verdrängung, Betäubung oder Reparatur zu tun. Heilung heißt, die Selbstheilungskräfte des Menschen so anzuregen, dass körperliche, seelische, geistige Blockaden aufgelöst werden und Harmonie entsteht. Den Menschen einseitig nur als Materie zu sehen, ist vergleichbar mit einem Computer, von dem ich nur die Hardware betrachte. Wir wissen aber genau, dass ein Computer ohne Software nutzlos ist. So ist es auch beim Menschen. Sich nur mit der Hardware zu beschäftigen ist eine einseitige Betrachtungsweise und kann nur als Symptom-Reparatur angesehen werden. Ohne

Software wäre jeder Computer sinnlos. Aber genau darum geht es beim Menschen. Die möglicherweise komplizierte Software wird gerne außer Acht gelassen, denn hier geht es um Prozesse, Verbindungen, Verknüpfungen, Programme, Informationen, Informationsfluss, Speicherungen und Erkenntnisse.

Zu Fuß durch die Wachau

Wir starteten zu unserer dritten Erkenntniswanderung im Sommer. Die Worte, die uns auf dieser Tour von Anfang an begleiteten, waren: „Nicht: Ich will, ich will, ich will ..., sondern: Ich lasse geschehen und vertraue, dass ich geführt werde. Alles entsteht!" Wir trafen uns wieder im Bahnhofscafé von Linz. Mit dabei waren diesmal Daniela, Margit, Martin, Lisi, die vor Jahren schon nach Rom mitgefahren war, Ingrid und ich.

Beim Frühstück in der Bäckerei entschieden wir uns, mit dem Zug in die Wachau zu fahren, um die Donau entlang zu wandern. Im Zug war ein Sechserabteil frei: „für stillende Mütter", als ob es gerade für uns sechs Reisegefährten freigehalten worden wäre. Inspiriert durch die Abteilaufschrift begannen wir, unsere jeweiligen Mutter-Kind-Beziehungen pantomimisch darzustellen, um ein klares Bild davon zu bekommen. Diese Art der Darstellung ist annähernd vergleichbar mit einer Familienaufstellung. Das Energiefeld eines Menschen schauspielerisch darzustellen wird dann möglich, wenn der Darsteller sich von eigenen Gedanken und Emotionen freimacht und in einen Zustand der völligen Leere geht. Das Bild, das vor dem Auge des Betrachters entsteht, zeigt ihm seine eigene Situation in überspitzter Form. Dadurch kann der Betrachter sich selbst sozusagen unmaskiert erkennen.

In der Wachau schien die Sonne. Wir wanderten aus der Stadt hinaus und bogen daraufhin in einen wunderschönen

Waldweg ein, der uns sanft ansteigend in die Hügellandschaft oberhalb der Donau führte. Mit der Zeit stellte sich ein Hungergefühl ein. Wir träumten von frischen Brombeeren. Bald darauf entdeckten wir Brombeerstauden am Wegesrand. Die Beeren waren überreif und süß. Als wir kurz darauf in einen Weingarten abstiegen, wünschten wir uns noch einige saftige Trauben. Wir wollten sie nicht aus dem Weingarten stehlen. Das war gar nicht nötig, denn da wuchsen sie auch schon direkt am Wegesrand aus einer Ritze in der Steinmauer. Wünsche können sich dann erfüllen, wenn ein einheitliches Energiefeld geschaffen wird, wo die Wünsche sich gegenseitig verstärken. Die Gedankenkraft wirkt hier wie eine Schleuse, die sich öffnet, sobald die Vorstellungskraft die Gedankenkraft unterstützt.

Bei einem herrlichen Mittagessen in Dürnstein auf der Terrasse des Schlosshotels verkündete Martin spontan: „Ich bin ab jetzt Vegetarier." – „Warum Vegetarier?", wollte Margit wissen. Viele Menschen fühlen sich durch die vegetarische Ernährung leichter und durchlässiger. Gilt das für alle? Wir erkannten, dass die Ernährung bei jedem von uns verschiedene Auswirkungen hat und wir unterschiedliche Bedürfnisse haben. Wenn wir zu viert unterwegs sind, gleichen sich unsere Bedürfnisse an. *Womit nähre ich mich? Diese Frage betrifft nicht nur das Essen, sondern auch die geistige und emotionale Nahrung. Auch die Sexualität ist eine Form von Nahrung. Jede Form von Nahrung kann mich stärken oder schwächen. Es gilt zu erkennen, ob ich gegen mich handle oder nicht.*

Auf der anderen Seite der Donau spazierten wir durch einen verwilderten Obstgarten, in dem sich die Apfel- und Birnbäume unter der Last der Früchte beugten. Niemand erntete mehr das Obst und so erfreuten wir uns alle an den frischen Früchten. Schließlich lenkten uns ein Umleitungsschild und der Tipp einer Frau zu einem Heurigen, der gerade neue Ferienwohnungen eingerichtet hatte – sie waren noch frei und wir waren die Ersten, die sie einweihen durften. Martin hatte sich spätestens für 18 Uhr ein Nachtquartier gewünscht und wir kamen um 17.57 Uhr an. Wein, Strudel, Traubensaft und ein wunderschönes Quartier: Wir fühlten uns bereits den ganzen Tag im Paradies!

In den folgenden Tagen wanderten wir durch die Wachau. Wir spazierten durch Weingärten, ruhten unter uralten Buchenbäumen, kugelten und rollten über die Blumenwiesen, genossen Köstlichkeiten und freuten uns des Lebens. Den Abschluss fand die Tour in Melk, wo das kosmische Reisebüro bereits alle Fäden gezogen hatte. Wir bezogen direkt unter dem berühmten Benediktinerstift in einem netten Innenhof zwei Ferienwohnungen. Hermann, der Besitzer, lud uns zu Wein ein und stellte uns auch noch seinen neuen Behandlungsraum zur Verfügung, als ein befreundeter Sportler vorbeikam, der noch Schmerzen von seiner Kreuzbandoperation hatte. Durch seine Bereitschaft, die ihm angebotene Hilfe nicht nur anzunehmen, sondern sich aktiv zu beteiligen und intensiv mitzuarbeiten, entstand eine starke Dynamik. David erkannte selbst, als sprichwörtlich das Glas voll war; das heißt der Zeitpunkt gekommen war, wo er energetisch voll aufgetankt war, und bedankte sich. Er hatte keine Schmerzen mehr und flog richtiggehend aus dem Raum hinaus. Tage später bekam Martin eine Nachricht von ihm: „Bin Weltklasse gesprungen, es läuft spitze. Danke!"

Wir behandelten noch Hermann. Auch er wurde emotional. Wir arbeiteten erstmals bei einer Behandlung in einer großen Gruppe und stellten fest, dass wir unterschiedliche Spannungszustände darstellten: Daniela und Margit waren der Minuspol, Ingrid der Nullleiter, während Martin und ich den Pluspol repräsentierten. Befreit von seiner emotionalen Last fühlte sich Hermann nach der Behandlung erleichtert. Er lud uns zum Gartenfest ein und war glücklich: „Euch hat der Himmel geschickt", wiederholte er immer wieder. So saßen wir bis in die späten Abendstunden beisammen.

Am Morgen besuchten wir das Stift Melk und lasen beim Rundgang auf einer Tafel: „Das Emotionale wird stark beschnitten. Die Ganzheit des Menschen wird viel zu wenig beachtet. Alles muss nur vernunftbezogen, erklärbar und nachvollziehbar sein." In der Stiftskirche versuchten wir, unsere eigene Wahrheit zu kirchlich geprägten Begriffen zu finden:

Erleuchtung ist eine Wortschöpfung, die für Menschen gedacht ist, die glauben, dass sie dann, wenn sie erleuchtet sind, am Ziel wären. Wenn du dir den Begriff Erleuchtung jedoch genauer anschaust, wirst du erkennen, dass es um Erkenntnis geht. Du erleuchtest, beleuchtest das, was in dir noch Dunkelheit ist. Der Zustand, in dem du dich befindest, wenn du an eine Erleuchtung glaubst, ist der, dass du am Ende eines Weges bist, ein Zustand, wo es kein Weitergehen mehr gibt. Doch die Erkenntnis hört niemals auf. In diesem Bewusstsein gibt es keine Erleuchtung. Wenn es so wäre, gäbe es nichts mehr, das es wert wäre, zu erforschen.

Gloria bedeutet sinngemäß Freude und doch hat das Wort mehrere Bedeutungen. Sie versinnbildlicht die Auferstehung des Menschen in andere Bewusstseinsebenen. Diese wird durch das gelebte Leben erreicht. Jeder Gedanke an Freude lässt eine unterschiedliche Schöpfung entstehen. Deswegen versuche auch jedes Wort und jeden Gedanken aus verschiedenen Blickrichtungen zu betrachten, damit dein Bild wie ein Puzzlespiel zu einem Ganzen wird.

Das *Kreuz* symbolisiert Gleichheit oder Ungleichheit nach allen Richtungen. In der Dualität kannst du alles aus zwei Blickwinkeln betrachten, während die Einheit die gegensätzlichen Pole aufhebt. Wenn nun das Kreuz mit einem Kreis umgeben ist, sind die Richtungen gleichzeitig in der Einheit verbunden. Das Kreuz ist ein Symbol und du kannst jedes Symbol nach deiner Auffassung deuten oder dich entscheiden, es nicht mehr zu deuten. Die Kraft des Kreuzes wird verstärkt oder abgeschwächt, je nachdem, wie viel Aufmerksamkeit du der jeweiligen Bedeutung schenkst.

Reichtum beginnt in dem Augenblick, wenn du erkannt hast, dass du alles in dir selbst trägst. Dein innerer Reichtum ist die Grundlage dafür, dass du das Äußere als ein Geschenk annimmst. Durch das Annehmen eines Geschenks beschenkst du dich selbst und gleichzeitig denjenigen, der dich beschenkt hat. Wenn du den Reichtum vermehren willst, versuche zu geben, was du zu geben hast. Gib denen zu trinken, die durstig sind.

Latinoamerica!

Unsere erste gemeinsame große Erkenntnisreise führte Daniela, Margit, Martin und mich nach Lateinamerika. Wir hatten uns vier Wochen Freiraum geschaffen, um in die weite Welt hinaus zu ziehen. Das Einzige, was wir wussten, war, dass wir wahrscheinlich in Buenos Aires ankommen würden, doch davon einmal abgesehen war alles völlig offen. Wir waren bereit, uns darauf voll und ganz einzulassen. Viele unserer Dogmen hatten wir zum Glück bereits abgelegt. Dogma bedeutet, auf eine einzige Wahrheit fixiert zu sein und keine andere Betrachtungsweise zuzulassen. Uns war es wichtig, alles, was uns begegnete, und alles, was wir dachten, aus verschiedenen Blickwinkeln zu betrachten. Die Erkenntniswanderungen im vorangegangenen Sommer hatten uns so inspiriert, dass es uns immer besser gelang, ohne Ziel zu reisen und uns auf die Zeichen des Augenblicks einzulassen. Zu viert war das auf wahrlich wundersame Weise möglich!

Eines der Dogmen, das mich bereits monatelang vor der Reise beschäftigt hatte, war die Anreise mit dem Flugzeug. Seit Jahren hatte ich auf Flugreisen gänzlich verzichtet, weil sie damals meiner Meinung nach aus ökologischer Sicht nicht vertretbar waren.

Was wir im Äußeren als Verschmutzung wahrnehmen, hat den Ursprung in unseren Gedanken und Gefühlen. Wir wollen unsere innere Welt nicht verschmutzen und erkennen, was wir in diesem Augenblick für unser Wohlbefinden tun können. Wenn ich meine eigene Natur erkenne und lebe, dann wirkt sich das auf mein Umfeld und auf die Erde aus. Daraus entstehen wie von selbst Gedanken, die neue Formen der Wirtschaft, der Politik, des Zusammenlebens, der Energiegewinnung realisieren. Um die Reise in dieser Konstellation erleben zu können, entschieden wir uns, Flugreisen nicht auszuschließen, sondern dieses Transportmittel dankbar anzunehmen. Wir wollten alle Möglichkeiten, die sich anbieten sollten, nutzen, um vorwärts zu kommen.

„Buenos Aires, wir sind angekommen!" Die Luft war so frisch, so würzig, so facettenreich. Unser Taxifahrer, Don Leonardo, brachte uns voller Elan ins Zentrum der Stadt. Der Lenker eines vorbeifahrenden Autos streckte den Arm aus dem Fenster und zeigte den Mittelfinger. „Was will der?", fragte ich. „Ach, das ist mein Amigo, der grüßt mich immer so!", meinte Don Leonardo mit einem Lächeln in seinem Gesicht. Die Argentinier geben sich Beinamen, die in Europa beleidigend aufgefasst werden. „Dicker", „Trottel", „Kurzer" sind liebevolle Anreden unter Freunden. Sie scheinen das Leben in manchen Bereichen leichter zu nehmen.

Abends feierten wir unsere Ankunft mit einem Steak und einer köstlichen Flasche argentinischem Rotwein. Mein erstes Steak seit 15 Jahren – nach 15 Jahren Vegetarier-Dasein! Es schmeckte hervorragend. Wir waren erfüllt von Lebensfreude. Ich esse immer noch viel mehr Gemüse und Obst als Fleisch, vor allem in Europa. In Argentinien verbringen die Kühe ihr ganzes Leben auf riesigen Weiden, wo sie sich frei bewegen können. Diese Information ist im Fleisch enthalten, man isst die Freiheit.

Erneut erwachte in mir der Freiheitsdrang. Ich wollte meine Unabhängigkeit, meine Männlichkeit und meine Stärke spüren und leben. Das wiederum löste in Margit die Angst aus, nicht zu genügen. Was für ein Zirkus! Wenn wir beide in der Beziehung ohne Angst sind, können sich die Kräfte, die Freude, die Liebe und das Leben potenzieren. Dann ist Schöpfung möglich.

Ich war so glücklich, in Lateinamerika zu sein. Nach dem Essen stand Tango auf dem Programm. Wir besuchten ein alteingesessenes Tangolokal, mit einem schönen Holzboden, einfachen Tischen, Stühlen und Livemusik. Vor allem ältere Porteños, die Einwohner von Buenos Aires, tanzten hier elegant gekleidet Wange an Wange. Alles schien wie aus einer längst vergangenen Zeit. Ich war verzaubert, war es doch für mich wie ein Nach-Hause-Kommen. Zur Freude des Hierseins tranken wir noch ein Glas Champagner in einem Straßenlokal und beobachteten, wie die Argentinier zu fortgeschrittener Stunde immer lebendiger wurden. In Buenos Aires spielt sich das Leben vor allem in der Nacht ab und tagsüber laufen die meisten nur ein gemütliches Programm, um sich ja nicht zu viel zu verausgaben, sodass sie abends wieder fit sind. Die Nacht wird zum Tag gemacht und doch hat das Leben in der Stadt eine ganz besondere Qualität. Es schien wie ein einzigartiges Perpetuum mobile, das die Porteños antrieb. Wo nahmen sie bloß ihre Energie her, denn es schien, als würden sie nie schlafen. In der Nacht strahlte in ihren Augen ein Glanz aus einer anderen Welt. Woraus schöpften sie ihre Kraft?

Aus der Begegnung mit Menschen,
aus dem Tanz,
aus der Leidenschaft,
aus dem Rotwein,
aus dem guten Essen,
dem Genuss,
der Lebensfreude.
Sie schöpfen ihre Kraft aus dem, was ihnen Freude macht.

Oh, wie schön ist Uruguay!

Tango in Buenos Aires. Samba in Brasilien. Kaffee in Kolumbien ... Aber wo und was ist Uruguay?!

Vier Kühe pro Einwohner weiden in diesem kleinen Nachbarland von Argentinien, das von weit reichenden weißen Sandstränden gesäumt wird. Niemals hätte Daniela gedacht, einmal in dieses Land zu reisen, das sie bis zu diesem Zeitpunkt nur dem Namen nach gekannt hatte.

Am nächsten Morgen ging es mit dem Schiff direkt von Buenos Aires über das breite Mündungsdelta des Río de la Plata in das romantische Kolonialstädtchen Colonia del Sacramento. Wir wussten nicht, wann ein Schiff fahren würde, vertrauten einfach darauf, dass unser kosmisches Reisebüro sicherlich die Fäden ziehen würde. Als wir am Hafen ankamen, erfuhren wir, dass 20 Minuten später ein Schiff ablegen würde: Ticketkauf, Zoll, adiós Argentina, einchecken und kaum hatten wir die Gangway passiert, wurde diese auch schon hochgezogen.

Zunehmend wuchs das Vertrauen, dass die Reise aus sich selbst heraus entstand. Dafür braucht es das Erkennen von äußeren Signalen und Gefühlen im Innen und das entsprechende Handeln.

Colonia del Sacramento ist ein wunderbares altes Städtchen direkt am Fluss. Wir fanden ein nettes Café am Ufer und feierten unser Ankommen im Schatten riesiger Eschenbäume. Die Wellen des ruhig fließenden Río de la Plata schlugen sanft an das Ufer. Langsam schwangen wir uns auf die Geschwindigkeit dieses eindrucksvollen Kontinents ein, wo alles gemächlicher zu verlaufen scheint als in Europa. Gleich dem Rhythmus der Wellen begannen wir, die Schwingung des Lebens in uns aufzunehmen. *Wenn du dich auf dieser Welle, im Rhythmus des Lebens treiben lässt, dann wird es einfach. Du fließt. Du lebst. Das Wellental ist nicht ausweglos, weil du dir der Kraft bewusst bist, die dich weiterträgt. Der Baumstamm ist für das Wasser kein Hindernis. Es fließt mühelos vorbei. Es schwappt ganz einfach drüber. So ist das Leben leicht und selbstverständlich.*

Am Nachmittag spazierten wir durch die engen Kopfsteinpflasterstraßen von Colonia, hielten Siesta, bewunderten den Sonnenuntergang von unserer Dachterrasse aus, flanierten durch den Yachthafen und gingen ausgiebig essen. Es war Zeit, zu genießen! Die Auseinandersetzung mit uns selbst ist uns vieren sehr wichtig. Wie manuelle und geistige Arbeit braucht sie Kraft und Energie. Für uns wird das Leben aber gerade dadurch leichter und gehaltvoller.

Als wir am Morgen im Hotel bezahlen wollten, funktionierte die Kassa nicht. Wir wurden aufgehalten, doch niemand ärgerte sich, hatten wir doch keinen fixen Plan. Nachdem alles erledigt war, spazierten wir zum Busbahnhof und kamen dort um 10.52 Uhr an. Bereits um 11 Uhr fuhr der nächste Bus nach Montevideo, in die Hauptstadt Uruguays. Wir hätten es niemals besser planen können. Also hüpften wir in den Bus und verbrachten die Fahrt dösend und tagträumend. Wenn wir beim Fenster hinausschauten, entdeckten wir Kühe und Weiden, so weit das Auge reichte. Die Kühe leben in Uruguay angesichts der riesigen Weiden in einer beinahe grenzenlosen Freiheit.

In Montevideo suchten wir uns eine gemütliche Unterkunft und wanderten dann die belebte und verkehrsreiche Hauptstraße entlang. Busse donnerten an uns vorbei, es stank nach Abgasen. Wir fragten uns, was uns wohl dorthin geführt hatte. Plötzlich kamen wir vor einem Banner zu stehen, auf dem geschrieben war: „So präsent ist in meinem Leben eine doch so verbotene Geschichte zwischen uns beiden. Wir begingen das allerschönste Vergehen, das dem Leben Sinn stiftet, nämlich uns zu lieben. Wo sich das Meer und der Himmel verbinden und vertauschen. Ich liebe dich! Mit dir!"

Warum habe ich in dem Moment, wo ich etwas so Schönes und Wunderbares empfinde, das Gefühl, etwas Verbotenes zu tun? In dem Moment, wo ich über das, was ich tue, nachdenke, es bewerte, es mitunter verurteile, bin ich es, der es zum Vergehen macht. Wenn ich etwas tue und mir danach denke: „Hätte ich das doch nicht getan", verstärke ich die Handlung. Man hat uns gelehrt, dass wir bereuen sollen, doch in dem Augenblick, wo ich bereue, fühle ich mich schuldig, und indem ich mich schuldig fühle, bin ich schuldig. Ich verurteile mich für alles, was mich als Menschen ausmacht. Was du als Bereuen bezeichnest, ist ein Eingestehen eines Vergehens, von dem man dir gesagt hat, dass es ein Vergehen ist. Schuld relativiert sich, wenn du nicht mit dem Schuldvirus infiziert bist. Schuld ist ein Eingeständnis, wenn du glaubst, du hast etwas getan, was nicht rechtens ist. Wem gegenüber? Gegenüber jenen, die glauben zu wissen, was recht ist. Wer weiß, was recht ist? Die vielen Antworten, die man dir gibt, sind Beispiel dafür, dass sich Menschen stets von Fragen und Antworten irreführen lassen. Achte darauf, ob es auch deine Antwort ist.

Daniela musste umdrehen, sie meinte, sie sei völlig schwach und ihr ganzer Körper würde schmerzen. Sie zog sich ins Hotel zurück, während Martin, Margit und ich durch die Altstadt Richtung Hafen spazierten. Martin trug ein kräftig orangefarbenes T-Shirt, auf dem groß „Salomon" geschrieben war. Zwei junge orthodoxe Juden mit schwarzem Hut und den zwei traditionellen langen Locken im Gesicht kamen auf uns zu und fragten Martin zuerst auf Jiddisch und dann auf Englisch, ob wir Juden wären. Als wir verneinten, zogen die beiden jungen Männer rasch weiter. Zwei Tage später begegneten wir in einer chilenischen Hafenstadt einer Gruppe Jugendlicher, die uns als deutschsprachig erkannten und uns im Vorbeigehen einen bestimmten Gruß zuriefen.

Jeder sieht die Welt mit seinen Augen und deutet die Zeichen unterschiedlich. Einer legt den Fokus auf den Namen „Salomon", für viele nichts weiter als ein Sportartikelhersteller, für einen anderen ein König. Jemand hört deutsche Worte und bringt die Sprache in Zusammenhang mit einem bestimmten Gedankengut, wo andere nur von Bier und Oktoberfest träumen. Ein Wort kann bei jedem Menschen unterschiedliche Gedanken und Emotionen auslösen. Doch was Peter über Paul sagt, sagt oft mehr über Peter als über Paul.

Wir suchten uns ein nettes Restaurant im Hafen von Montevideo. Der Kellner Fabio bediente uns wie die Könige, lud uns zuerst zu einem Mediomedio ein (halb Wein, halb Champagner), dann servierte er uns auf Einladung des Hauses noch Brot, Chimichurri und Käse. Dazu tranken wir Zillertal-Bier in einem großen Sektkübel. Das Bier in Uruguay ist wirklich nach einem berühmten Tal in den Tiroler Alpen benannt. Fabio versicherte uns, wir hätten mit Uruguay das beste Land ausgewählt, um unsere Reise zu beginnen.

Am nächsten Morgen beobachteten wir wieder zu viert auf der Dachterrasse des Hotels, wie Montevideo erwachte. Es war ein wunderschöner, sonniger Tag. Der Blick reichte vom Hafen, in dem einige große Schiffe vor Anker lagen, über die Dächer der Altstadt. Auf unserer Terrasse war es ruhig, wir waren Teil des Geschehens und gleichzeitig Beobachter aus der Ferne. Da wir keinen Plan hatten, waren wir auch nicht in Eile und konnten den wunderbaren Cappuccino, die herrliche Aussicht, den Sonnentag und unsere Gespräche so richtig genießen. Schließlich spürten wir, dass es an der Zeit war, weiterzuziehen. Wir packten unsere kleinen Rucksäcke und fuhren mit dem Taxi das Meer entlang zum Flughafen. Bei heruntergekurbelten Scheiben hielten wir die Arme beim Fenster hinaus, spürten die warme Brise des Sommers im Gesicht und atmeten die würzige Meeresluft ein. Wir waren alle frohen Mutes. Keiner wusste, wohin wir nun weiterreisen würden, doch die Gewissheit, dass sich alles wie von selbst fügt, zauberte ein Lächeln auf unsere Gesichter. Was für eine unglaubliche Leichtigkeit entsteht, wenn endlich der Verstand beruhigt ist und er nicht immer wissen muss, wie es weitergeht.

Auf nach Chile

Am Flughafen von Montevideo angekommen, schauen wir auf den Bildschirm, wohin das nächste Flugzeug flog: Santiago de Chile, in 20 Minuten! Erreichten wir das noch? Die nette Señorita beim Flugschalter meinte, wir wären etwas zu spät, aber am Abend seien noch vier Plätze in der Business Class nach Santiago frei. Das hätte bedeutet, den ganzen Nachmittag am Flughafen zu verbringen und erst spät in der Nacht in Chile anzukommen. Wir versuchten unser Glück bei den anderen Fluglinien. Wir wollten weiterreisen und wissen, welche Destinationen sich anboten. Die einfache Frage „Welche Flüge gibt es zur Auswahl?", ohne ein bestimmtes Ziel zu nennen, rief unterschiedliche Reaktionen hervor. Eine Flughafenmitarbeiterin erklärte uns offenbar für völlig verrückt und zog sich in die Kantine zurück. Eine andere nette Señorita ließ sich von der Freude und Spontaneität mitreißen und schlug uns sogleich vor, Valdivia, eine Stadt im Süden Chiles, zu besuchen, die sie selbst so begeistert hatte. Sie schwärmte von Vulkanen, Seen, riesigen Urwäldern und den hervorragenden Fischgerichten.

Nachdem wir diesen Tipp bekommen hatten, fanden wir sogleich einen Schalter, den wir zuvor übersehen hatten. Und siehe da: In der nächsten Maschine nach Santiago, der Hauptstadt von Chile, waren noch vier Plätze frei! Eine Stunde später flogen wir bereits über das ausgedehnte Delta des Río de la Plata, des Silberflusses, in Richtung Andenkordillere. Der

Flieger drehte noch eine Runde über unser geliebtes Montevideo. Je näher wir den Anden kamen, desto größere Wolkentürme bauten sich auf. Zwischen den Wolken reichte unser Blick immer wieder hinunter zu den Weingärten am Fuße der Andenkordillere und schließlich auch auf die schroffen Felswände dieser mächtigen Gebirgskette, die sich von Feuerland bis nach Kolumbien über den ganzen Kontinent erstreckt. Dann schraubte sich das Flugzeug schon wieder hinunter und bald darauf landeten wir in Santiago de Chile. Dort ging alles sehr schnell, wir erledigten die Einreiseformalitäten, organisierten chilenische Pesos und hüpften in den Shuttle vom Flughafen zum großen Busterminal, wo wir ein Ticket für den Nachtbus nach Valdivia kauften. Dann gingen wir gemütlich essen, doch Daniela und ich waren etwas weggetreten. Ich hatte das erste Mal in meinem Leben das Gefühl, dass alles viel schneller verlaufen war, als die Zeit vergehen konnte, ja es kam mir vor, als wäre ich in einer Zeitmaschine gesessen und gerade erst wieder gelandet. Vor wenigen Stunden waren wir alle noch gemütlich auf der Dachterrasse in Montevideo gesessen, ohne zu wissen, wohin uns die Reise führen würde, und nun genossen wir ein herrliches Mittagessen in Margits und meinem Lieblingslokal in Santiago de Chile, das wir bereits von einer vorangegangenen Reise kannten.

Im hinteren Zimmer des Restaurants hing ein riesiges Gemälde vom Río Baker, dem magisch schönen Fluss in Patagonien im Süden Chiles. Es gibt wohl auf der ganzen Erde selten einen so wilden, freien Fluss mit einer so bezaubernden türkisblauen Farbe, der gleichsam durch Urwälder, vorbei an riesigen Schnee- und eisbedeckten Bergen, aber auch durch Grassteppen und mächtige Felsschluchten donnert. Als wir vier vor dem Gemälde standen, war klar, wohin die Reise gehen würde.

Nach einer langen Fahrt mit dem Nachtbus kamen wir in Valdivia an und bemerkten als Erstes den frischen Duft, der über der Stadt lag: Es roch nach Wald und Natur. Es war noch still in der Stadt an diesem Sonntagmorgen. Auf dem Weg vom Busbahnhof ins Zentrum war kein einziges Auto unterwegs, obwohl Valdivia wochentags eine sehr geschäftige Stadt ist. Dafür waren aber auch noch alle Kaffeehäuser und Restaurants geschlossen. Nur am Fischmarkt, unten am Fluss, türmten die Fischer bereits große Berge von Riesenmuscheln und Krabben auf. Wo sollten wir frühstücken? Da entdeckten wir am Flussufer ein neu gebautes Hotel mit dem Namen „Dreams". Im 12. Stockwerk, mit Aussicht auf die ganze Stadt und die Wälder in der Umgebung, freuten wir uns über ein herrliches Frühstück. Der Kellner lud uns zu einem Glas Champagner mit frischen Früchten ein.

Bis hierher waren wir sehr schnell gereist. Nun erwachte in uns das Gefühl, dass es Zeit war, innezuhalten. In uns entstand das Bild einer großen Telefonzentrale, wo jemand Kabel ein- und aussteckt, um Menschen an unterschiedlichen Orten miteinander in Verbindung zu bringen. Jener Telefonzentrale gleich schien die kosmische Verknüpfungsstelle Zeit zu brauchen, um unsere Weiterreise in die Wege zu leiten. An diesem Punkt der Reise erkannten wir vier, dass zwischen Entscheidung und erfolgtem Ergebnis oft Zeit verstreicht, offenbar ohne etwas dazu beitragen zu können. *Die Entscheidung geht durch einen Reifungsprozess, in dem sie sich verwirklichen kann, wenn wir im Wechselspiel zwischen Tun und Sein, zwischen Handeln und Abwarten mitspielen und es mitgestalten.*

Ein Satz beschäftigte uns während des ganzen Frühstücks: „Spüre das neue Leben in dir erwachen."

Die Schöpfung

Die Schöpfung erschafft sich selbst. So ist sie zugleich Schöpfung und Schöpfer. Das Schöpfungsprinzip ist durch das Leben in der Form geprägt, dass sich Leben nicht beschränken lässt – es fließt. Durch unsere Wunschvorstellungen entziehen wir dem Leben die Komplexität. Eine einseitige Wunschvorstellung kann die Schöpferkraft nicht aktivieren, weil die Schöpferkraft alles aus verschiedenen Perspektiven betrachtet.

Ein Beispiel: Wenn du dir etwas wünschst, dann ist dein Wunsch in einer geistigen Form vorhanden und er kann sich nur dann materialisieren, wenn du diesem Wunsch den Wunsch entziehst. Dann begegnest du dir mit deiner Schöpferkraft. *Erst wenn der Wunsch nicht mehr Wunsch ist, kann er sich erschaffen. Sonst bleibt er nur ein Wunsch.* Jetzt ist die Verwirrung groß: Du hast einen Wunsch und darfst ihn nicht haben, weil er sonst die Schöpferkraft blockiert. Aber warum ist das so? Jeder Mensch ist Schöpfer, und das jeden Augenblick. Sobald der Mensch sich bewusst wird, dass die Kraft der Schöpfung ein geistiger Prozess ist, der jeden Augenblick stattfindet, bewegt er sich auf einer anderen Ebene, und zwar auf der Schöpferebene. Auf dieser Ebene existiert alles und nichts. Beide Begriffe bedingen sich gegenseitig. Alles beinhaltet nichts, also ist nichts in allem enthalten.

Durch diese Erkenntnis sehen wir, dass in jedem Augenblick alles oder nichts passieren kann. Anders ausgedrückt: Es ist alles möglich. Jedes Wort, jeder Gedanke kann für dich zur Schöpfung werden, wenn du dir der Komplexität dieses Prozesses bewusst bist. *Du bist nicht der alleinige Schöpfer deiner Umstände, sondern in deinem Umfeld befinden sich unzählige Schöpfer.* Es kann nur etwas erschaffen werden, wenn du mit deinen Mitschöpfern in der gleichen Schwingung bist. Selbst wenn du eine andere Meinung wie dein Mitschöpfer vertrittst, begegnet ihr einander in der gleichen Schwingung. Es ist in diesem Fall die Schwingung der Konfrontation, die euch verbindet. Wenn du gegen etwas bist, stärkst du das, gegen das du bist. Versuchst du hingegen das, mit dem du in Widerstand gehst, einfach nur als eine mögliche Energieform zu sehen, die sich verwirklichen will, dann hast du die Entscheidung, ob du zu dieser Verwirklichung beiträgst oder nicht. Sobald du sagst: „Ich brauche etwas nicht mehr", erschaffst du dir genau das, was du nicht mehr haben willst. *Energie fließt dorthin, wo du die Aufmerksamkeit hinlenkst.*

Schau mal: Es ist doch so einfach. Indem du glaubst: „Ich brauche es nicht mehr", trittst du in Widerstand mit diesem Gedanken. Wenn du sagst: „Ich brauche etwas nicht mehr", erschaffst du dir das, was du glaubst zu brauchen, und das ist eben, was du nicht brauchst. Zwei Gegensätze erschaffen genau das Gegensätzliche. Der Schöpfer in dir, der sagt: „Das brauche ich nicht mehr", lenkt die Aufmerksamkeit genau dorthin. Was du glaubst, nicht mehr zu brauchen, ist schon erschaffen. Du hast es in dir.

Die Urkraft

Um die Welt, den Ursprung, das Leben zu erklären, gibt es eine Möglichkeit: Ich beschäftige mich mit der Materie, versuche wie die Wissenschaftler auf der ganzen Welt, Formeln zu finden, die Zusammenhänge über das Entstehen des Lebens aussagen. Das Leben in eine Formel zu zwängen ist eine Möglichkeit, einen Baustein zu finden. Doch das Leben ist etwas so Großartiges, das sich nicht auf die Materie beschränkt, sondern seinen Ursprung in einem geistigen Universum hat. Wir können uns das geistige Universum als eine Dimension, die außerhalb unserer Ratio existiert, vorstellen.

Die Materie ist eine geistige Manifestation eines schöpferischen Gedankens.

Was heißt das? Bevor in irgendeiner Weise Materie entstehen kann, gibt es eine Kraft, die in sich selbst zentriert ist. Man kann diese Kraft göttlicher Funke oder Ursubstanz nennen. Ein Funke kann alles in Brand setzen, das heißt zu einer tief greifenden Veränderung führen. Gleichgültig, wie wir zu dieser Kraft sagen, Worte können nur das ausdrücken, was unser Verstand analysieren und aufnehmen kann. Doch gerade dieses Zentrum ist der Ausgangspunkt von allem! Es hat keine Eigenschaften, sondern existiert aus sich heraus. Der Gedanke, etwas könnte sein, das aus sich selbst schöpft und aus sich selbst strahlt, mag für uns noch etwas befremdend sein, doch es gibt uns die Möglichkeit, Gedanken zu denken, welche dem Schöpfungsprinzip entsprechen. Die Kraft ohne Eigenschaft, ohne Wollen ist eine expandierende Kraft, sie ruht in sich, um aus der Ruhe ein Feld zu bilden, das wie der Herzschlag einen Rhythmus bildet. Es ist der Herzschlag des geistigen Universums.

Die UR-Sache von allem ist eine nicht definierbare Möglichkeit, die erst zur Ursache wird, sobald das, was der Kern denkt, in das Feld projiziert wird. Was ist der Kern? Was bewirkt das Feld?

Der Kern ist die Schöpferkraft. Im Feld wird das gespeichert, was der Kern empfängt. Welche Form von Gedanken kann das Feld aufnehmen? Es sind jene Gedanken, die frei und offen für alle Möglichkeiten sind.

Die Urkraft ist nicht geteilt, sie ist im Kern und ruht in sich selbst. Der Kern ist eine geistige Frucht, welche im Zustand der vollkommenen Harmonie den Drang verspürt, sich auszudehnen. Dies geschieht durch eine Implosion, das heißt das Geistige entströmt der Frucht.

Die Voraussetzung ist nun geschaffen für ein geistiges Universum. Ein Universum ist ohne Materie, für den Menschen etwas Unglaubliches. Es kann sein, oder auch nicht. Weil die Welt nur so sein kann, wie sie der Mensch für möglich hält, darum ist sie so.

Die Urkraft ist der Urzustand eines geistigen Universums, das sich aus sich selbst ausdehnt. Diese Betrachtungsweise ermöglicht uns, weitere Zusammenhänge in Bezug auf unser Sein, unsere Herkunft und die Materie zu erkennen. Dieses geistige Universum ist nichts anderes als eine Kernexplosion, die durch Implosion der geistigen Frucht entstehen konnte. In der Schöpfung existieren Vergangenheit, Gegenwart und Zukunft nicht. Wir verwenden den Zeitbegriff, um die Schöpfungsgeschichte mit Worten zu beschreiben und in unserem Denken zu verstehen.

In einem geistigen Aspekt eines Universums, das auf den Prinzipien von Harmonie und Einheit beruht, ist Materie noch nicht vorhanden. Materie kann erst dann entstehen, wenn der Geist aus sich heraus zwei gegenteilige Kräfte erschafft, die sich gegenseitig bedingen. Es ist eine ausdehnende und eine zusammenziehende Kraft. Beide Kräfte sind harmonisch aufeinander abgestimmt.

Bewusstseinsebenen

Was du als Wirklichkeit siehst, ist die Wirklichkeit, die du erkennst. Das heißt, wenn du in deinem Erkenntnisprozess innerhalb deiner Wirklichkeit bleibst, ist jede Erkenntnis die Erkenntnis dieser Wirklichkeit, in der du dich befindest. Jenseits dieser Wirklichkeit ist die Erkenntnis, die du erkennst, eine Stufe zu einer neuen Wirklichkeit. Das heißt, außerhalb dieser Wirklichkeit hast du andere Erkenntnismöglichkeiten und hast Zugang zu anderen Wirklichkeiten. Das Diesseits und das Jenseits sind unterschiedliche Erfahrungsebenen, die einander bedingen und miteinander verknüpft sind. Antworten auf die Fragen, die du stellst, sind aus der jenseitigen Betrachtungsweise Fragen. Die Fragen sind Antworten. Antworten, die du hier findest, werfen in einer jenseitigen Ebene neue Fragen auf. Fragen zu stellen gibt daher mehr Antworten, als ständig nur nach Antworten zu suchen.

Stell dir vor, du bist auf einer jenseitigen Erfahrungsebene. Auf jener Erfahrungsebene gibt es diese Wirklichkeit nicht, die du hier kennst. Du kommst jetzt auf diese Erfahrungsebene und siehst nur mit den Augen deiner dir vertrauten Erfahrungsebene. Was wirst du sehen? Du kannst nur das sehen, was deiner Erfahrungsebene und deiner Wirklichkeit entspricht.

Stell dir vor, du kommst aus einer jenseitigen Erfahrungsebene und erlebst diese Wirklichkeit. Dann wirst du versuchen, mit den Augen dieser Wirklichkeit zu erkennen. Wenn du nämlich mit den Augen der jenseitigen Erfahrungsebene sehen würdest, die deiner dortigen Wirklichkeit entspricht, könntest du diese Wirklichkeit, in der du jetzt hier lebst, nicht erkennen.

Darum hast du dein Bewusstsein auf diese Wirklichkeit transformiert, damit du diese Wirklichkeit auch verstehen und mitgestalten kannst. Es ist ein Hilfsprogramm, das sich verschiedene Erfahrungsebenen des Universums vorgenommen haben, um die Menschheit, aber auch die Realitäten der anderen Erfahrungsebenen zu verweben.

Was ist der Grund, warum Menschen nur die eine Wirklichkeit als Realität erkennen? Weil sie sich in ihrem Bewusstsein keinen Zugang zu einer anderen Wirklichkeit erlauben. Viele Bereiche in unserer derzeitigen Bewusstseinsebene können jedoch nur verstanden werden, wenn sich der Geist öffnet, um das Unerklärbare zu ergründen. Die Wissenschaft versucht auf der Ebene der Materie alles zu verstehen. Die Materie ist aber durch einen bewussten Geist entstanden. Jeder hat Zugang zu diesem bewussten Geist, verbindet sich mit diesem bewusst oder unbewusst, da alles erst im Geist entsteht, um Materie zu erschaffen. Wenn ich einen Tisch bauen will, habe ich zuerst ein Bild des Tisches in meinen Gedanken, das bedeutet, der Tisch entsteht erst im Verstandesgeist und wird dann gebaut. Hinter dem Verstandesgeist steht aber noch der allumfassende Geist mit der allumfassenden Schöpferkraft. Auch der kann in das Bauen des Tisches mit einfließen.

Ein bewusster Geist, der hinter allem steckt, hat sich erkannt. Damit er sich erkennen konnte, hat er die Materie erschaffen. Er ist in die Materie gegangen, um in der Materie als Schöpfergeist zu wirken. Der allumfassende Geist ist nichts Materielles, er ist eine pulsierende Kraft, die sich zusammenzieht und ausdehnt, vergleichbar mit unserem Herzen. Daher gehen wir auch in unser Herz, wenn wir mit diesem allumfassenden Geist in Verbindung treten wollen. Die Herzensenergie ist der Zugang zum allumfassenden Geist. Der allumfassende Geist ist Liebe. Liebe hat bestimmte Eigenschaften, sie wertet nicht, sie kennt keine Trennung, und wenn wir immer mehr mit uns im Klaren sind, kommen wir zu dieser Liebe, zu diesem allumfassenden Geist. Die allumfassende Energie können wir nur wahrnehmen, wenn wir in die Herzensenergie gehen, das heißt mit der Herzfrequenz können wir dort andocken. Wir verwechseln aber mitunter die Herzensenergie mit emotionaler Energie und glauben dabei auch noch, wir wären in der Herzensenergie. Mit der emotionalen Frequenz kommen wir hingegen zu anderen Energieformen, die aber auch mit dem allumfassenden Geist verbunden sind.

Je weiter du dich von deiner Herzensenergie entfernst, desto weiter entfernst du dich von deinem eigenen Licht und desto weiter entfernst du dich vom allumfassenden Geist. Das Licht ist überall, aber es leuchtet in einer unterschiedlichen Intensität. Je mehr Menschen mit dem Licht erfüllt sind, desto mehr wird die Dunkelheit erhellt. Die Dunkelheit ist gleichwertig wie das Licht. Das Licht leuchtet nicht aus sich selbst heraus. Es wird erst durch die Dunkelheit sichtbar.

Im Zusammenspiel der Kräfte, wo die Lichtqualität abhängig ist von der Dunkelheit, ist eine Verbindung ausgeschlossen. Durch die Dunkelheit ist das Licht erschaffen. Die Abstraktion ist durch den gegenteiligen Pol möglich. Im kollektiven Bewusstsein ist das Abstrakte nicht relevant. Das Wesentliche zu erkennen, erscheint oft schwierig, weil zu viele Koordinaten ins Gesamtbewusstsein einfließen.

Das „Schöne" zu sehen, das „Gute" zu erkennen, das „Hässliche" nicht zu beurteilen ist der Anfang eines Weges, der in seiner Art das göttliche Prinzip repräsentiert. Die Schönheit in der Natur, die verheerenden Naturkatastrophen, sie repräsentieren ein Werden und Vergehen. Die menschliche Natur ist nicht anders. Die schöpferischen Kräfte sind aufbauend und zerstörerisch. In jeder Situation sind beide Kräfte wirksam, sie bilden keine Gegensätze, sie repräsentieren das gleiche Prinzip. Im Augenblick ist alles gegeneinander. Die sich dadurch aufbauende Energie dient dazu, dass die Gegensätze durch ihre unterschiedliche Schwingung eine Kraft entwickeln, die mit gleicher Schwingung nicht möglich wäre.

Patagonia magica

In Patagonien sind genau diese Gegensätze deutlich spürbar. Patagonien ist jener mystische Landstrich im Süden von Argentinien und Chile, von dem keiner so genau weiß, wo er überhaupt beginnt. Es ist ein Land der wilden Flüsse und Vulkane, der dichten Urwälder und der unbeschreiblichen Weite der Pampa. Ein Land, das wohl jeder, der es je gesehen hat, für den

Rest seines Lebens in seinem Herzen trägt. Wer jemals von den süßen Calafatebeeren genascht hat, am Ufer der tiefblauen, freien Flüsse gesessen ist oder dem Kondor zugeschaut hat, wie er hoch in den Lüften seine Kreise zieht, der wird die Sehnsucht haben, wiederzukehren. Patagonien ist ein wahrlich wildes, freies Land für Träumer und Freigeister.

Von Santiago führt eine Autobahn bis in die Stadt Puerto Montt am Pazifik. Entlang dieser gibt es ausgedehnte Viehweiden, die Urwälder mussten Plantagen weichen, Hochspannungsleitungen durchziehen das Land und es scheint, als ob Chile versucht, den wirtschaftlichen „Entwicklungsprozess" mit all den damit verbundenen Konsequenzen für die Natur und die lokalen Kulturen nachzuholen. In Puerto Montt gibt es große Einkaufszentren, wie man sie mittlerweile überall in der industrialisierten Welt finden kann. Dann kommt der große Bruch: Südlich der Großstadt beginnt die Wildnis von Patagonien. Es gibt immer noch keine durchgehende Straße, die weiter in den Süden führt, und so muss man auf das Schiff umsteigen oder einen langen Umweg über Argentinien in Kauf nehmen. Die Verkehrsverbindungen sind in Patagonien eben noch nicht so gut ausgebaut, was allerdings wesentlich dazu beigetragen hat, dass die Region bisher ihre Ursprünglichkeit und Wildheit erhalten konnte.

In Puerto Montt wussten wir anfangs nicht, wie wir weiterreisen sollten. Es war zu einer Disharmonie in der Gruppe gekommen und auf einmal stand die Frage im Raum, ob wir uns nicht überhaupt trennen sollten. In einem Café suchten wir nach einer Lösung. Sollten Martin und ich zusammen reisen, und Margit und Daniela eine zweite Gruppe bilden? Für kurze Zeit schien es, dass wir uns trennen würden, doch dann fanden wir vier wieder den Weg zueinander.

Wir entschieden uns, noch ein Stück mit dem Bus die holprige und kurvenreiche Straße weiter in den Süden zu fahren und erst dann auf das Schiff zu steigen. Die Schiffsreise begann abenteuerlich. Kaum hatte unser Kahn abgelegt, riss eine Kette und die Laderampe krachte ins Wasser. Zum Glück waren wir noch in der Nähe des Ufers, denn auf offener See wäre unser Schiff wohl binnen kürzester Zeit gesunken. In unserem Fall konnten wir einfach noch einmal anlegen, auf ein Ersatzschiff warten und dann verspätet, aber doch lebendig unserem Ziel entgegensegeln.

Das Schiff fuhr einige Stunden lang einen tief eingeschnittenen Fjord entlang, dann mussten alle an Land und entweder zu Fuß oder im mitgebrachten Auto über eine zehn Kilometer lange Landzunge gehen beziehungsweise fahren. Im Anschluss daran galt es noch einen weiteren Fjord mit einem anderen Schiff zu überqueren. Erst dann war das Ziel erreicht, wo wir nächtigen wollten, denn dort gab es gemütliche Hütten und ein Restaurant.

Wir waren bereits einige Stunden auf offener See unterwegs, als uns klar wurde, dass wir aufgrund der Verspätung beim Auslaufen wohl unser zweites Schiff versäumen würden, wenn wir die zehn Kilometer zu Fuß gehen mussten. So fragte Margit die anderen Passagiere, ob jemand auf der Ladefläche des Pick-ups für uns vier Reisenden Platz hätte, doch niemand wollte uns mitnehmen. Da war nun guter Rat teuer, zumal wir kaum Proviant mitgenommen hatten und die Nacht im Freien auch eher kühler werden würde. Gleichzeitig hatten wir aber so viel Vertrauen, ja sogar die Gewissheit, dass wir unser Ziel, das magisch schöne Caleta Gonzalo inmitten des Pumalín-Parks noch erreichen würden. Wir hatten diesen Gedanken gerade erst zu Ende gedacht, da verlangsamte unser Schiff die Fahrt, drehte scharf nach Steuerbord und machte schließlich eine komplette Kehrtwende. Dann fuhren wir wieder in die gleiche Richtung zurück, von wo wir gekommen waren, obwohl wir bereits unsere Anlegestelle am Ende des ersten Fjords ausmachen konnten. Was war nun geschehen? Der Kapitän verkündete über die Lautsprecheranlage: „Wir haben uns entschieden, direkt nach Caleta Gonzalo zu fahren, weil das zweite Schiff, das den anderen Fjord überquert, gerade gemeldet hat, dass es eine Panne hat. Daher werden wir die Halbinsel außen umfahren und in einigen Stunden unser Ziel erreichen." – „Unglaublich!", dachten wir, „nun wird sogar schon ein Schiff inmitten des Meeres umgeleitet, sodass wir unser Ziel noch erreichen können." Wir streckten uns an Deck aus, genossen die Sonne, hielten Siesta, beobachteten, wie Delfine vor unserem Schiff in die Luft sprangen, und freuten uns über den Zauber und die Schönheit des Lebens.

Schließlich kamen wir in Caleta Gonzalo, an einem der magischsten Orte auf diesem Planeten, an. Caleta Gonzalo liegt am Fiordo Reñihué, einer Bucht, die sich zum Meer hin öffnet und um die sich ausgedehnte Urwälder erstrecken. Hier befindet sich das Herzstück des Parque Pumalín. Bis zu 4000 Jahre alte Zypressen, die Alerce-Bäume, sind Zeugen einer längst vergangenen Zeit im Pumalín-Park.

Manchmal besuchen Delfine oder Seehunde die Bucht vor Caleta Gonzalo und man hört sie schon von der Ferne, wenn sie ausatmen. Viele verschiedene Vögel bevölkern den Ort: Die kleinen Chucaos hüpfen oftmals über den Weg und begleiten die Wanderer mit ihrem Gesang, Eisvögel sitzen auf dürren Ästen und halten nach Fischen im Fluss Ausschau, während Milane und Falken ihre Kreise in den Lüften ziehen.

Nach der langen, schnellen Reise in den Süden und den vielen Ereignissen, die uns bis hierher geführt hatten, war das Bedürfnis nach Ruhe groß. Unsere Erschöpfung war körperlich spürbar: Daniela und ich hatten von den vielen Stunden am Außendeck des Schiffes einen Sonnenstich. Martin lief gleich zweimal mit dem Kopf gegen den niedrigen Türbalken der „Hobbit-Hütte". Margit genoss die Ruhe und war überwältigt von der Leuchtkraft und dem Glitzern des Sternenhimmels.

Ich stand mit Sonnenaufgang auf und spazierte zum Meer hinunter. Die umliegenden Bergspitzen wurden gerade von den ersten Sonnenstrahlen angeleuchtet, während die mächtigen Bäume im Tal noch ganz im Schatten lagen. Ich blickte zum Río Gonzalo hinunter, wie er in den Fiordo Reñihué hineinfloss, und gerade in diesem Augenblick flog ganz nahe ein Eisvogel vorbei. Seine blauen Flügel leuchteten im Morgenlicht!

Wir besuchten die uralten Alerce-Wälder. Dieses Jahr war allerdings alles anders als in den Jahren zuvor, in denen ich den Ort besucht hatte. Es hatte vier Wochen lang nicht geregnet und der Wald war völlig ausgetrocknet. Ich war von der Kraft der Alerce-Bäume so fasziniert gewesen und hatte mich immer wieder an diesen Ort zurückgesehnt. Aber in diesem Jahr zogen sich die Bäume zurück und konzentrierten sich auf ihre wesentlichen Funktionen, Leben und Überleben. Sie strahlten nichts mehr aus, da ihnen das Wasser fehlte. Wasser ist Leben. Es ermöglicht Wachstum. Sie hatten keine Kraft mehr. Einer der für mich magischsten Orte auf dieser Erde war in einem tief greifenden Umbruch – einzig und allein die kleinen Chucaos hüpften noch über den Wanderweg und pfiffen ihre fröhlichen Lieder.

Martin und ich versanken in eine melancholische Stimmung. Hatte alles noch Sinn? Was nützte unsere Arbeit, wenn sowieso alles rundherum zusammenbrach. Wir beide hatten bisher ein wunderschönes Leben, haben schon viel mehr gesehen und erlebt, als wir uns je erträumt haben. Wir kratzten am Sinn des Lebens und diese Frage ist mitunter so destruktiv, dass sie das Leben an sich infrage stellt, doch das kosmische Reisebüro hatte wieder einmal einen wahren Paukenschlag vorbereitet, um uns in die Lebendigkeit zurückzuführen.

Als wir gerade die Hängebrücke überqueren wollten, bemerkte Margit jemanden hinter sich. Es war Nicolas, der Barde, der wie ein Waldgeist aus dem Nichts aufgetaucht war. Margit und ich waren ihm bereits im Jahr davor im Pumalín-Park begegnet. Er hat ein kleines Reisebüro in der Gegend und spielt wunderschön Charango, wobei es ihm gelingt, die Töne richtiggehend tanzen zu lassen. Wenn er spielt, dann vergisst er die Welt und sich selbst. Was aber nun geschah, riss mich mit einem Schlag aus dem Gedankenstrudel in die Gegenwart: „Das gibt es ja nicht. Bist du der Gregor?", fragte mich Nicolas' Begleiter. „Ja", antwortete ich verwundert. „Ich war bei einem deiner Vorträge und du hast damals so von Patagonien geschwärmt und in mir die Sehnsucht geweckt, auch einmal hierherzukommen. Vor ein paar Wochen habe ich dann in einer Zeitschrift ein Foto von dir gesehen, wie du unter den Alerce-Bäumen stehst, und ich habe mich wieder an den Zauber Patagoniens erinnert." – „Aber das Foto haben wir ja vor ziemlich genau einem Jahr 200 Meter entfernt von hier aufgenommen. Das ist doch unglaublich!", antwortete ich erstaunt.

Willi erzählte, dass er bereits seit sechs Wochen zu Fuß durch Patagonien unterwegs war. Sechs Tage nach dem Antritt seiner Pension war er in die weite Welt hinaus aufgebrochen und allein nach Südamerika gereist. Für die meisten Menschen ist der Pensionsantritt einer der größten Schocks ihres Lebens. Sie wissen oft nicht mehr, was sie mit ihrer Zeit anfangen sollen, haben keine Aufgabe mehr und sehen keine Perspektiven. Martin hat beobachtet, dass Menschen ohne Perspektive sich oft ein neues Betätigungsfeld suchen, wo sie Beachtung finden; dazu gehören die Klassiker wie Hüft- und Knieoperationen, Bandscheibenvorfälle oder mitunter schwerwiegende Krankheit.

Willi entschied sich trotz der vielen mahnenden Worte seiner Freunde und Familie für einen völligen Neubeginn. Die mahnenden Worte anderer drücken oft nur die eigenen Zweifel und Ängste aus. Willi stellte sich diesen und machte sich auf den Weg. Es ging ihm gut dabei. Er erzählte, dass er bisher nur mit jüngeren Reisegefährten unterwegs war, davon, dass er das erste Mal in seinem Leben allein in die Wildnis gegangen war, Silvester zwischen Gletschern und Pinguinen im Beagle-Kanal verbracht hatte, und auch, dass sein Spanisch immer besser wurde. Mir wurde, als ich Willis Erzählungen lauschte, klar, dass es für einen mutigen, völlig neuen Weg im Leben nie zu spät ist. Wenn man sich dafür entscheidet, wartet ein großes Geschenk auf einen. Es ist die wachsende Lebensfreude!

Oft werden in der Zeit, wo Arbeits- und Familienleben so viel Raum gegeben wird, bestimmte Teilbereiche des Lebens nicht gelebt. Immer wieder kommen Zeitpunkte oder Wegkreuzungen, an denen ich mich entscheiden kann, nun auch diese vernachlässigten Aspekte zu leben.

Veränderung

Willi zog mit Nicolas weiter und wir wanderten zu den „Cascadas Escondidas", den versteckten Wasserfällen, die über schroffe Felswände inmitten des Urwalds in große, glasklare Becken stürzten. Wir setzten uns auf die großen Steine im Bach am Fuße eines der tosenden Wasserfälle. Daniela nutzte die Gelegenheit, in das eiskalte, lebendige Wasser einzutauchen. Wasser schien genug da zu sein, und doch war die Verteilung ungleich.

Wenige hundert Meter entfernt waren Waldboden und Bäume ausgetrocknet. Hier war Wasser in Fülle vorhanden.

Die Natur verändert sich. Die Menschen verändern sich. Alles ist in Veränderung. Die Erde schneidert sich gerade ihr Kleid neu, wie für ein großes Fest. Damit sich das Kleid erneuern kann und sie sich in ihrem neuen Kleid wohlfühlt, geschehen sowohl in ihrem Inneren als auch im Außen Veränderungen. Starre Strukturen brechen auf. Die Nähte reißen, das Kleid wird weiter, es wird weicher und fließender. Es bekommt ein anderes Aussehen und andere Eigenschaften.

Was wir als Folgen des Klimawandels sehen, hat noch ganz andere Zusammenhänge. Es gibt zum jetzigen Zeitpunkt nur ein Klima. Das ist das Klima der Veränderung. Nichts ist mehr so, wie wir es kennen. Das innere Klima der Erde ist stabil und gleichzeitig ist es voller Bewegung. Erdbeben, Stürme, Tornados, Überschwemmungen, Vulkanausbrüche, all das nehmen wir im Außen war und gleichzeitig spüren die Menschen heftige Emotionen, die innerlichen Naturgewalten gleich ausbrechen. Das Innere reagiert auf das Äußere. Das Äußere reagiert auf das Innere. So ist es beim Menschen, so ist es bei der Erde, so ist es im ganzen Kosmos.

Indem sich auch das Klima verändert, entsteht eine neue Menschheit. Eine Eigenschaft des Menschen ist es, sich anzupassen. Wir könnten ohne Wasser leben. Indem wir das Wasser absorbieren, indem wir die Feuchtigkeit aus der Luft aufsaugen. Dazu muss der Körper viel sensibler und feinstofflicher ausgelegt werden.

Der menschliche Körper ist so beschaffen, dass er sowohl in der Feinstofflichkeit als auch in der Grobstofflichkeit Möglichkeiten findet, Nahrung aufzunehmen und Nährstoffe abzugeben.

Der grobstoffliche Körper ist nicht darauf ausgelegt, aber der feinstoffliche Körper hat sehr wohl die Möglichkeit, Nährstoffe aus dem Licht und aus der Luft aufzunehmen. Ist Feinstofflichkeit besser? Wie werde ich feinstofflicher? Feinstofflichkeit ist weder besser noch schlechter, genauso wie die Pflanzen feinstofflicher sind als die Tierwelt. Die Bewegung, die durch die Veränderung passiert, öffnet Möglichkeiten, sich selbst so zu erschaffen, wie es der Einzelne zu seiner Bewusstwerdung, anders gesagt Entwicklung, gerade braucht. Manche Menschen werden ihren grobstofflichen Körper weiterhin als Alltagsgewand bevorzugen. Andere hingegen wechseln öfter ihre Kleidung.

Die kosmische Ordnung beinhaltet bestimmte Gesetzmäßigkeiten und diese Gesetzmäßigkeiten sind genauso im Chaos enthalten. Der Mensch ist nicht getrennt von Gottheit, Erde und Kosmos. Er ist in ihnen enthalten und sie sind in ihm enthalten. So wie Jesus gesagt hat: „Der Vater ist in mir, und ich bin im Vater." Der überwiegende Teil der Menschheit betrachtet sich selbst als getrennt von seiner Göttlichkeit. Die Kräfte, die er glaubte verloren zu haben, wiederzuentdecken, ermöglicht dem Menschen, sich aus der selbst geschaffenen Isolation zu befreien.

Die Vielfalt und die Gegensätze, das Chaos und die Schönheit im Urwald, das alles sogen wir mit jeder Pore unseres Seins auf. Wir hielten inne, ließen uns inspirieren. Erst die Inspiration des Urwalds ermöglichte uns, Gedanken entstehen zu lassen, die sich mit dem Sein und Werden beschäftigen. Wir verbrachten noch einige Zeit am Wasserfall und fuhren dann auf der Ladefläche eines Pick-ups nach Caleta Gonzalo zurück. Durch unser Vertrauen konnte sich das erfüllen, wozu wir in unserem Inneren bereit waren. Die nächste Nacht bezogen wir eine andere Hütte direkt am Meer. Mein Bett stand neben dem großen Fenster und ich konnte im Liegen die Delfine in der Bucht beobachten. Ihre Rückenflossen zeigten sich immer wieder an der Wasseroberfläche, dann verschwanden sie und tauchten an einer ganz anderen Stelle in der Bucht wieder auf. Sie vermittelten gleichzeitig ein Gefühl von Ruhe und Leichtigkeit.

Das Bett am Fenster ist einer meiner Lieblingsschlafplätze auf diesem Planeten. Die Sonne neigte sich langsam dem Horizont zu und hüllte die ganze Bucht in ein zauberhaft sanftes Licht.

Gedanken und Vorstellungen

Wir reisten weiter in den Süden und waren mit dem Bus, Taxi und per Autostopp entlang der weiten Fjorde und mächtigen Flüsse unterwegs. Seit unserem Mittagessen in Santiago verspürten wir den Wunsch, zum Río Baker zu gelangen. Wie, war uns gleichgültig. Der Bus am Morgen war bereits ausgebucht und so entschlossen wir uns, ein Taxi bis zur nächsten Straßenkreuzung zu nehmen, die hundert Kilometer entfernt inmitten des Urwalds war. Von da an hieß es Auto stoppen. Jede Viertelstunde fuhr ein Auto vorbei, doch niemand blieb stehen, weil sie bereits bis oben hin voll gepackt waren. Die Sonne brannte vom Himmel und wir schwitzten. Martins Blase drückte und er pinkelte von einer hohen Brücke in den Sand. Begeistert rief er mich herbei: „Schau doch mal! Ich habe gerade aus vier Meter Höhe die Form von Österreich gepinkelt." Ich kam näher und erwiderte fachmännisch: „Es könnte auch Argentinien sein, aber eher Österreich, wobei Vorarlberg und Tirol etwas überzeichnet sind." Wir entschieden uns für Österreich.

Margit und Daniela standen an der Kreuzung, als ein roter Pick-up neben ihnen bremste. Eine Frau rief ihnen auf Englisch zu, ob sie einen „Ride" in die nächste Stadt brauchten. Bald stellte sich heraus, dass Hildegard und Markus, so hießen die beiden Urlauber – genauso wie Martins Frau und sein Sohn –, aus Österreich kamen. Sie waren in den Süden von Patagonien unterwegs und nahmen uns auf der Ladefläche ihres Leihautos mit. So lagen wir gemütlich auf unseren Rucksäcken und genossen den großartigen Blick auf die vorbeiziehende Landschaft. Immer wieder hielten wir, weil Hildegard und Markus fotografieren wollten. Dabei erzählten die beiden von ihrer fix geplanten Reiseroute und den aufwendigen Vorkehrungen, um die Reise in der Form überhaupt organisieren zu können. Sie hatten eine Reiserückholversicherung und einen speziellen

Versicherungsschutz für das Leihauto abgeschlossen. Durch den Wunsch nach einer umfassenden Autoversicherung, die von vielen als unumgänglich gesehen wird, blieb von den vielen Autoverleih-Firmen nur ein Anbieter übrig. Den hatten sie erst nach langer Suche ausfindig gemacht. Wir bevorzugten unsere Art des freien Unterwegsseins und waren gleichzeitig froh über die Mitfahrgelegenheit, die sich dadurch anbot, dass die beiden Urlauber ihre geplante Tour genau zu diesem Zeitpunkt an uns vorbei führte.

Hildegard erzählte, dass sie bereits mehrere Knieoperationen hinter sich hatte. Martin bot ihr eine energetische Behandlung an, um ihren Energiefluss zu aktivieren. Sie lehnte ab. Ich fragte mich, wo ich in meinem Leben Chancen, die sich mir präsentieren, einfach nicht erkenne, weil diese Möglichkeiten nicht Teil meiner Wirklichkeit sind.

Gedanken, für die du dich entscheidest, können sich auf verschiedenen Ebenen materialisieren. Du hast Gedanken, die außerhalb deiner Vorstellung sind, weil deine Vorstellungen dir Gedanken zuweisen, die du nicht realisieren kannst. Deine Vorstellung hindert dich daran, jene Gedanken zu denken, die deine Realität erweitern. Die Vorstellung ist genauso wie der Gedanke eine Energieform. Deine Gedanken finden in dir Zustimmung, wenn du sie dir vorstellen kannst. Hast du aber zu dem Gedanken keine Vorstellung, dann ist der Gedanke neutral. Wenn du dir hingegen etwas nicht vorstellen kannst, kann sich der Gedanke nicht materialisieren.

Nehmen wir die Vorstellung von Liebe. Sie ist im Denken meist eindeutigen Grenzen unterworfen. Du bist so lange für dich selbst die Begrenzung, bis du die Liebe nicht mehr aus lediglich einer Richtung betrachtest, sondern sie frei gibst. So kann sich die Liebe von allen Richtungen zeigen. Der Zustand, in dem du dein eigenes Gedankenbild neu betrachtest, ermöglicht dir, dein Bild, das du von dir selbst gemacht hast, offen anzuschauen.

Am mächtigen Río Baker

Jeder Fluss erzählt seine eigene Geschichte. In Patagonien gibt es viele dieser Geschichtenerzähler. Alle schimmern und leuchten sie in unterschiedlichen Farben, von Türkis über Grün bis Marineblau. Sie können hier noch frei fließen, sind wild und führen viel Wasser, da es für gewöhnlich häufig regnet und das Eis der ausgedehnten Gletscher im Sommer schmilzt. Der Regen gehört genauso zu Patagonien wie die magischen Sonnentage, an denen kein Wölkchen den Himmel trübt, der Schnee von den Bergen leuchtet und rundherum die mächtigen Urwälder in allen erdenklichen Grüntönen erstrahlen.

Der mächtige Río Baker ist der wasserreichste Fluss Chiles und es ist wahrlich beeindruckend, zuzuschauen, wie diese Wassermassen über Stromschnellen, durch enge Schluchten und über weite Ebenen ins Meer fließen. Am oberen Flusslauf hat der Fluss eine schier unbeschreibliche blaue Farbe. Sie ist marineblau, gemischt mit etwas türkis. Einige Kilometer nach der Quelle des Flusses, der im größten See des Landes entspringt, vereinigt er sich an der Confluencia das erste Mal mit einem anderen Fluss, dem Río Neff, der vom Nordpatagonischen Eisfeld kommt und die Sedimente der Gletscher mittransportiert. Er hat eine graue, milchige Farbe. Der Neff fließt an einem mächtigen Wasserfall mit dem Baker zusammen. Ihre beiden unterschiedlichen Farben vermischen sich und in der Ferne leuchten die eis- und schneebedeckten Berge des Campo de Hielo Norte, des Nordpatagonischen Eisfelds.

Hier lebte Mary Ann in einem selbst gebauten Holzhaus mit riesigen Fenstern, die den Blick auf den Baker freigaben. Mary Ann und Jonathan wuchsen in den USA auf. Jonathan träumte bereits in seiner Kindheit von der Weite der patagonischen Pampa, den Wildpferden, den Bergen ohne Namen und den weißen Flecken auf der Landkarte. Diese Sehnsucht ließ ihn die Sicherheit der elterlichen Farm aufgeben. Er folgte seinem Traum. Eines Tages reiste Mary Ann zu ihm nach Patagonien. Am Río Baker fand sie die äußere und innere Ruhe, nach der sie sich in ihrer Heimat gesehnt hatte. Mary Ann lebte scheinbar von der Welt zurückgezogen und doch in voller Verbundenheit. Sie empfing uns mit großer Herzlichkeit und freute sich über das Wiedersehen mit Margit und mir, da sie uns bereits im Vorjahr mit offenen Armen in ihrem Haus willkommen geheißen hatte.

Jonathan servierte uns ein patagonisches Festmahl aus überbackenen Nachos mit Champignons, Chilischoten, Tomaten und Käse, das seine ganz persönliche Mischung aus US-amerikanischen, mexikanischen und chilenischen Einflüssen schmackhaft zu Geltung brachte. Angeregt durch die Würze der Chilischoten bekam Martin Schluckauf, was wiederum Jonathan erheiterte. Er fragte, wie wir das Phänomen des geräuschvollen Aufstoßens in unserer Sprache bezeichneten. In Österreich wird es „Schnackerl" genannt. Begeistert rief Jonathan aus: „Martin! Come on, schnackel me! Schnackel me, come on man, give me a schnackel!" Jonathans Absicht war es, dass Martin seinen alleinigen Fokus auf den Schluckauf legte und dadurch nicht mehr „Schnackeln" konnte. Ziel erreicht.

Am Abend rollten Margit und ich unsere Schlafsäcke an der Confluencia aus. Wir beobachteten die untergehende Sonne über den nahe gelegenen Schneebergen und wie sich ihre letzten Strahlen im Fluss spiegelten. Die Nacht war sternenklar, der Mond zog auf und hüllte den Wasserfall in ein mystisches Licht. Wir saßen noch lange am Ufer und freuten uns an den Lichtspielen und den Spiegelungen in den Stromschnellen. Schließlich verkrochen wir uns glücklich in unseren Schlafsäcken. Am nächsten Tag wurden wir von den ersten Sonnenstrahlen geweckt, die zaghaft durch den Morgennebel drangen. Worte können diese Eindrücke nur schwer beschreiben, und doch schwingt in ihnen der Zauber von Patagonien mit, einem Zauber, der einem täglich zeigt, wie großartig es ist, auf dieser Erde zu leben.

Grenzgang

In der Nähe der Confluencia gibt es einen Grenzübergang nach Argentinien, den Paso Roballos, einen der am wenigsten befahrenen Pässe in Lateinamerika. Gerade eine Handvoll Autos pro Tag frequentiert die schmale Schotterstraße, und diese sind meist bis auf den letzten Platz besetzt. Wir entschieden uns trotzdem für den Paso Roballos. Die Distanz vom Río Baker bis zum nächsten Ort in Argentinien beträgt über 250 Kilometer. Dazwischen gibt es endlose Pampa, Berge, Hügel und Gras, so weit das Auge reicht, die Estancia Chacabuco, zwei Grenzhäuschen und Wind, sehr viel Wind, für den Patagonien berühmt ist. Wir machten uns zu Fuß auf den Weg. Wir waren zwar jederzeit bereit, auf ein Fahrzeug aufzuspringen, doch das musste erst einmal vorbeikommen. Also marschierten wir am späten Nachmittag einfach los. Wir hatten Essen für einen halben Tag und Wasser dabei, bis auf mich, da ich kurz vorher meine Wasserflasche verloren hatte. Trotzdem waren wir gewiss, dass wir es schaffen würden. Nach einigen Kilometern Fußmarsch durften wir bereits ein Stück auf einem Pick-up mitfahren. Dann wanderten wir wieder, fanden köstliche Calafatebeeren am Wegesrand, in denen die ganze Sonnenenergie des patagonischen Sommers gespeichert war. Es heißt, wer einmal von den Calafatebeeren nascht, wird wieder nach Patagonien zurückkehren. Wir naschten und naschten, bis unsere Zungen vom Saft der Beeren ganz blau waren.

Schließlich hielt ein Lastwagen. Wir stiegen auf die Ladefläche und brausten bei herrlichem Ausblick über die Weite der

Pampa. Der Lkw fuhr bis zur Estancia Chacabuco, der einzigen kleinen Ansiedlung am Weg. Doug und Kris Tompkins, die auch den Pumalín-Park im Norden von Patagonien ins Leben gerufen hatten, waren dabei, ein Nationalparkzentrum für Touristen aufzubauen. Fast alle, die dort arbeiteten, wirkten gestresst. Die Diskrepanz zwischen den unterschiedlichen Lebensstilen, dem US-amerikanischen zielgerichteten Tun und dem lateinamerikanischen Geschehenlassen, führte zu Spannungen. Wir fühlten uns nicht willkommen und waren ratlos. Es war bereits Abend und wir wussten nicht genau, ob wir noch weiterziehen sollten oder nicht. In dem Augenblick, als wir uns entschieden hatten, noch nach einem Auto in Richtung Grenze Ausschau zu halten, hupte jemand hinter uns: Es war Pablo. Ich traute meinen Augen kaum.

Als ich Jahre zuvor zu Fuß durch ganz Patagonien gewandert war, hatte ich Pablo im Pumalín-Park kennengelernt. Es hatte bereits seit Tagen geregnet. Pablo arbeitete damals als Parkwächter und lud mich völlig durchnässt in sein wunderschönes Holzhaus ein. Am offenen Feuer tranken wir zusammen stundenlang Matetee. Die Geschichten, das gemeinsame Teetrinken hatten uns zu Freunden gemacht, doch dann verloren wir uns aus den Augen. Als wir vier nun einige Tage zuvor auf unserer Reise in den Süden in einem Café saßen, spazierte auf einmal Pablo vorbei. Es war eine riesige Freude für ihn und mich, einander wieder zu treffen. Er nahm uns ein Stück des Weges in seinem Pick-up mit in den Süden, da er nun auf der Estancia Chacabuco als Landschaftsgärtner arbeitete.

Wie ein Engel taucht Pablo immer genau zum richtigen Zeitpunkt auf. Er lud uns zum Abendessen ein. Beim Kochen erzählte Pablo aus seinem Leben. Margit und ich übersetzten, Martin stellte viele Fragen. Pablo sprach über seine Rolle als Familienvater und darüber, dass seine Tochter das Wichtigste in seinem Leben ist. Für sie tut er alles. Pablo arbeitet viel. Er möchte ihr ein erfülltes Leben ermöglichen. Die Arbeit ist ihm wichtig. Beim Aufbau des Nationalparks hat er das Gefühl, seine Ideale zu verwirklichen und etwas Sinnvolles zu tun.

Was macht meine Arbeit sinnvoll? Ist es sinnvoll, die Natur zu schützen? Ist es sinnvoll, jemanden von seinen Schmerzen zu befreien? Ist es sinnvoll, jemandem ein gutes Essen zu servieren? Ist es sinnvoll, ein Buch zu schreiben?

Die Unterscheidung zwischen Sinn und Unsinn, Gut und Böse beschäftigt die Menschheit seit jeher. Wenn man diese Unterschiede aus einem erweiterten Denkmodell betrachtet, seinen Blickwinkel mitunter verändert und nicht mehr bewertet, dann erkennt man, dass es im Grunde genommen weder das eine noch das andere gibt. Das eine ist dem anderen gleichwertig. Eines bedingt das andere. Martin fragte Pablo, ob es eine Ideologie oder eine Religion gibt, die besser sei als eine andere. Er antwortete, es gäbe keinen Unterschied. Die Menschen suchen sich die Ideologie oder Religion aus, die in ihr bestehendes Denkmodell passt und ihnen Führung verspricht.

Bis zwei Uhr früh saßen wir in Pablos kleiner Küche und schliefen nach den intensiven Gesprächen wie aufgereihte Sardinen auf dem Fußboden der Küche. Danielas Beine waren zu lang, um unter dem Küchentisch Platz zu haben, was sie dazu veranlasste, die Nacht in Pablos Auto zu verbringen. Ursprünglich wollte uns Pablo am nächsten Morgen mit dem Auto zur chilenischen Grenze bringen, doch er hatte keine Zeit. Die Arbeit rief. Pablo organisierte uns einen Fahrer, der uns mit dem Pick-up zum Grenzposten brachte. Bei Regen, Sonnenschein, begleitet von einem Regenbogen und zauberhaften Lichtstimmungen fuhren wir durch eine Landschaft mit schroffen Felsformationen und weiten Flusstälern.

Von der chilenischen bis zur argentinischen Grenzstation waren es elf Kilometer Fußmarsch. Einer der chilenischen Grenzbeamten war gerade dabei, Pferde zu versorgen. Ich fragte, ob wir die Pferde für diese Strecke ausleihen durften.

Der Chilene erwiderte: „Das geht nicht, denn sie sind Staatseigentum."

Adiós Chile! Wir marschierten los. Bei starkem Rückenwind flogen wir regelrecht über die Weite der schier endlosen Pampa. Eine Straße und sonst nichts – außer ein bereits von der glühenden Sonne ausgebleichter Pferdeschädel, der ungefähr auf halber Strecke am Wegesrand lag. In einer der wenigen Kurven bremste ein Motorradfahrer und blieb stehen. Er war sichtlich froh über die Abwechslung und erzählte in fließendem Spanisch mit englischem Dialekt, dass er vor zwei Jahren in den USA mit dem Fahrrad losgeradelt war. In Kolumbien angekommen, hatte er genug vom Treten und er kaufte sich ein Motorrad. Das ermöglichte ihm, in Zickzacklinien über den lateinamerikanischen Kontinent zu brausen. Bald würde er wieder nach Kolumbien zurückfahren, Motorrad gegen Fahrrad eintauschen und sich auf den Heimweg machen.

Der Motorradfahrer fuhr weiter. Wir waren wieder allein auf der Schotterstraße unterwegs. Die lange Gerade lud zum Philosophieren und zum Scherzen ein. Wir sprachen über das aktuelle Weltgeschehen und Martin schlug vor: „Wir sollten die Politik und die Wirtschaft viel mehr als ein großes Theater sehen und sie nicht so ernst nehmen, uns auf keinen Fall von dem ganzen Geschehen hin und her reißen lassen, sondern das Schauspiel lieber aus einer gewissen Distanz und mit Abstand betrachten. *Alles ist Theater, doch für viele wird es zur Realität.*"

Die Zeit verging fast wie im Flug und bald erreichten wir die argentinische Grenzstation. Zum nächsten Ort waren es noch über hundert Kilometer. So fragten wir die Zöllner, ob es eine Fahrgelegenheit gäbe. „Keine Chance!", meinten diese, „die Straßen sind so schlecht, dass auf ihnen kein normales Taxi fahren kann, und außerdem besteht auch gar keine Möglichkeit, Kontakt mit jemandem im Ort aufzunehmen. Ihr müsst auf eine Mitfahrgelegenheit hoffen, doch Autos kommen nur sehr sporadisch vorbei." So entschieden wir, unser Essen, das wir noch dabeihatten, zu genießen und hielten unter einem großen Baum in der Wiese ein Picknick. Als ich gerade den letzten Bissen hinunterschluckte, hielten zwei Pick-ups vor dem Grenzhäuschen. Es war eine argentinische Familie, die zu ihrer Estancia la Frontera, einem zwei Autostunden entfernten Bauernhof im Nichts, unterwegs war und nicht viel Gepäck mitführte. Sie nahm uns mit und lud uns, zu Hause angekommen, auch gleich zum Übernachten ein.

Nach einer herrlichen warmen holzgeheizten Dusche und einer gemütlichen Nacht war es am Morgen Zeit für ein typisches patagonisches Asado! Kaum hatten wir uns den letzten Schlaf aus den Augen gerieben, drückte uns der Hausherr bereits ein Bier und einen frischen Krapfen in die Hand, der wegen des Fetts, in dem er herausgebacken wurde, nur so triefte. Kurz darauf war auch das ganze Lamm, das neben dem offenen Feuer schmorte, fertig gebraten. Martin und ich wurden auserwählt, die Rippen abzuschneiden und dann bekam noch jeder von uns eine riesige Lammkeule. Dazu wurde großzügig Rotwein eingeschenkt, um das Fett am frühen Vormittag auch gut verdauen zu können! Was für ein Frühstück?!

Planen oder Geschehenlassen

Nachdem das Fest vorbei war, brachten uns die Gastgeber in den nächsten Ort. Nach einer zweistündigen Fahrt über ein Hochplateau vorbei an spektakulären Felsformationen und unzähligen Schafen, die auf den sanften Wiesen weideten, erreichten wir das Dorf Los Antiguos – die Alten. Wir stiegen beim Busbahnhof aus und mussten feststellen, dass es kaum Busverbindungen gab, um dieses Städtchen zu verlassen. Zweimal am Tag fuhr ein Bus in einen Ort an der Atlantikküste und jeden zweiten Tag konnte man in den Norden oder in den Süden reisen. Was sollten wir machen? Gleich ein Ticket buchen oder darauf vertrauen, dass wir schon einen Weg finden würden, um weiterzureisen? Es kam eine gewisse Rastlosigkeit in mir auf und ich dachte: „Wir sollten gleich handeln, weil wir sonst womöglich in dem Ort festsitzen."

In dieser Situation standen zwei konträre Herangehensweisen einander gegenüber: Planen oder Geschehenlassen. Beide haben ihre Berechtigung und doch gilt es, eine Entscheidung für die eine oder andere zu treffen. Die Stimmung in der Gruppe spitzte sich zu. Nach einem offenen Gespräch entschieden wir uns, wie so oft auf der Reise, dass es Zeit war, zu vertrauen.

Und schließlich entstand der Weg wieder wie von selbst.

Nachdem wir eine geruhsame Nacht im einzigen Hotel des Ortes verbracht hatten, parkte am Morgen direkt vor unserer Unterkunft ein Bus, der gerade gereinigt wurde. Der Chauffeur meinte, er würde in weniger als zwei Stunden zum Atlantik fahren – und zwar nach Caleta Olivia und dann weiter in die Küstenstadt von Comodoro Rivadavia. Martin hatte noch vor unserer Abreise nach Lateinamerika von Caleta Olivia an der Ruta Nacional 3 in der Provincia de Santa Cruz geträumt. Caleta Olivia gab es also wirklich und es lag in Santa Cruz an der RN 3! Somit war die Weiterreise klar.

Alles fügt sich

Argentinien ist ein großes Land! Nach langen Stunden des Busfahrens führte uns die Reise schließlich noch nach Bariloche, einem Städtchen im patagonischen Seengebiet. Ich verband wertvolle Erinnerungen mit Bariloche und hatte mich auf die Zeit in der Stadt und mögliche Ausflüge in die umliegende

Natur gefreut. Doch diesmal war es wenig einladend. Es war windig und kalt. Martin und Daniela sehnten sich nach Wärme.

Obwohl nach drei Wochen des Unterwegsseins langsam leichte Reisemüdigkeit aufkam, entschieden wir uns, einen Flug nach Buenos Aires zu buchen. Während wir im Reisebüro auf einen freien Mitarbeiter warteten, studierten wir die Lateinamerika-Landkarte. Margit zeigte spontan mit dem Finger auf Iquitos, die legendäre Stadt inmitten des Amazonas, über 4000 Kilometer Luftlinie entfernt.

Am nächsten Tag ging es zunächst weiter nach Buenos Aires. Am frühen Nachmittag landeten wir am nationalen Flughafen inmitten der Großstadt. Und nun? Wie schon zu Beginn unserer Reise in Montevideo fragten wir auch diesmal einen Mitarbeiter an einem der Schalter, wohin das nächste Flugzeug der Linie flog. Der Mann wusste nicht, was er sagen sollte: „Was meint ihr damit?" – „Ja, Sie haben schon richtig verstanden, wohin fliegt die nächste Maschine, die wir noch erreichen?", fragte ich noch einmal. Der Herr antwortete etwas verdutzt: „Nach Lima!" Gesagt, getan, wir buchten einen Flug nach Lima. In etwas mehr als zwei Stunden ging der Flug und wir würden mitten in der Nacht in Peru landen. Somit klärte sich die Frage, ob wir unseren gebuchten Rückflug aus Bogotá, der Hauptstadt von Kolumbien, in Anspruch nehmen sollten. Der Flug nach Lima führte uns ein Stück näher an den Abflugort.

Wir nahmen ein Taxi, um zum internationalen Flughafen von Buenos Aires zu gelangen. Als wir bereit waren, zu fahren, funktionierte allerdings das Getriebe des Wagens nicht. Der Taxifahrer verschwand unter dem Auto und begann von unten die Gangschaltung zu bearbeiten. Plötzlich bewegte sich der Schalthebel und die Hand des Taxifahrers erschien neben meinem Bein. Alle vier schauten wir uns verwundert an. Wir fragten uns, was das nun zu bedeuten hatte. Warum wurden wir aufgehalten? Es stellte sich auf einmal die Frage, ob es nicht besser wäre, in Argentinien zu bleiben. Mitunter ist es eine Herausforderung, die Zeichen zu deuten. Zu viert, wo der Austausch möglich ist und sich dadurch vieles klärt, ist das natürlich viel einfacher als allein.

Wir entschieden uns, das Taxi zu tauschen, und fuhren dann mit einem freundlichen Studenten durch die Stadt. Beim Flughafen angekommen, genossen wir zum Abschied noch ein Steak und ein Glas Malbec, den köstlichen argentinischen Rotwein. Dabei hätten wir fast die Zeit übersehen. Wir beeilten uns, noch rechtzeitig das Gate zu erreichen, während bereits über Lautsprecher im ganzen Terminalgebäude ausgerufen wurde: „This is the last call for Mr. Weber …" Geschafft. Kaum saßen wir im Flugzeug und rollten auf die Startbahn zu, fielen die ersten schweren Regentropfen eines tropischen Unwetters.

Ich war traurig, mein geliebtes Argentinien zu verlassen, die Weite und Unendlichkeit der Pampa, die Freiheit des Gaucho-Lebens, das gute Essen, den herrlichen Wein und die starke Verbundenheit zu seinen Menschen. Im Flugzeug nach Lima saßen fast nur Peruaner. In mir erwachten Erinnerungen meiner fünfmonatigen Wanderung entlang der Inkastraße: die Einsamkeit, das Verlorensein, die große Anstrengung und die Ungewissheit des Weges. Gleichzeitig freute ich mich aber auch darauf, was uns in den kommenden Tagen erwarten würde. Wir wussten nur, dass wir kurz vor Mitternacht inmitten eines der gefährlichsten Stadtteile von Lima landen würden.

Die Suche nach einem Hotel gestaltete sich als Herausforderung, da uns der Taxifahrer in Lima zum Hotel seiner Wahl führen wollte. Wir hätten aber ein altes Kolonialhotel im Zentrum bevorzugt, das Margit und ich von einer vorangegangenen Reise kannten. Wir fuhren durch die Stadt. Es herrschte eine aufgewühlte und hitzige Stimmung auf den Straßen. Lima brodelte. Die Stadt löste in uns Gefühle aus, die unsere jeweilige Lebenssituation widerspiegelten. Martin empfand sich als ein aufmerksamer Beobachter, in ständiger Bereitschaft, loszustarten. Daniela fühlte sich unwohl, sie verspürte einen inneren Aufruhr. Margit genoss die Aufregung und war gleichzeitig dankbar, als außen stehender Zuschauer Eindrücke zu sammeln, ohne selbst in bestimmten gesellschaftlichen Umständen leben zu müssen. Ich spürte die Ketten des Pflichtbewusstseins, der Ideale, der Verantwortung und ich sehnte mich nach Aufbruch.

In der Vergangenheit waren die Peruaner immer wieder fremd bestimmt, doch nun scheinen sie sich ihrer Wurzeln und ihrer Besonderheit zu besinnen. Es ist, als ob sie ihre eigene Identität neu entdecken und zum Leben erwachen. „Hier entsteht eine revitalisierende Gesellschaftsform."

Der Taxifahrer bestand darauf, uns nach Miraflores, in einen sehr touristischen Vorort von Lima, zu bringen. Das wollten wir auf keinen Fall. Martin deutete im Vorbeifahren auf ein großes Hotel gegenüber dem Justizpalast, doch der Taxifahrer war schneller und fuhr vorbei. Er versuchte uns weiszumachen, dass es auf den nächsten vier Kilometern keine Umkehrmöglichkeit gab. Schließlich wurde ich deutlich und forderte den Taxifahrer energisch auf, umzudrehen. Wir wollten offen sein und Hinweise erkennen, doch manchmal geht es darum, auf die innere Stimme zu hören und klar auszusprechen, was für einen gerade wichtig ist. War uns in diesem Moment bewusst, was wir wollten und stimmten wir darin überein?

Wir nächtigten in einem modernen Fünfsternehotel hoch über den Dächern von Lima. Es erfüllte die unterschiedlichen Kriterien, die für jeden Einzelnen von Bedeutung waren. Das Hotel lag in Zentrumsnähe und damit günstig, um am nächsten Tag zu Fuß durch die Altstadt zu spazieren. Nach den vielen Stunden des Unterwegsseins bot es einen komfortablen Ort zum Ausruhen. In der unruhigen Stadt zeichnete es das Bild einer Oase der Geborgenheit. Das Frühstücksbuffet war himmlisch und vereinte alle Köstlichkeiten, die das Land von den Tropen über die Anden bis zum Ozean zu bieten hatte.

Als wir am nächsten Morgen in der Lobby an einem Fernseher vorbeispazierten, sahen wir Bilder von einer dramatischen Überschwemmung. Buenos Aires stand einen Meter unter Wasser. Am Vorabend um 19 Uhr, genau in dem Augenblick, als wir die Stadt verließen, war ein starker Regen auf die Hauptstadt Argentiniens niedergegangen. Weniger als zwei Stunden später war ein Großteil der Stadt überschwemmt.

In den Amazonas

Beim Frühstück breiteten wir die große Landkarte von Peru auf dem Tisch aus. Und nun? Margit fiel wieder Iquitos auf, jene einzigartige Stadt inmitten des Amazonas, die nur auf dem Wasser- oder über den Luftweg zu erreichen ist. Martin und Daniela war der Name durch den berühmten Film „Fitzcarraldo" von Werner Herzog, mit Klaus Kinski in der Hauptrolle, ein Begriff. Auf nach Iquitos!

Tausende Motorradtaxis, die durch die Straßen tuckerten, Papageien, Affen, eine Handvoll wunderschöner alter Gebäude aus der Zeit der Hochblüte des Gummihandels, Berge von Kokosnüssen, schwüle Hitze, tägliche Regengüsse und eine Geschäftigkeit wie mitten im Urwald, in dem sich die Tiere wild durcheinander tummeln. Ein geordnetes Chaos voller Lebendigkeit. Einer stark frequentierten Ameisenstraße gleich, transportierten die Leute irgendetwas oder irgendwen von einem Ort zum anderen, ohne erkennbaren Sinn und Zweck. Es scheint, als gäbe es keine Verkehrsvorschriften. Einer überholt links, der nächste rechts. Und trotzdem sieht es so aus, als ob jeder genau weiß, was er zu tun hat, ganz ohne

Regeln, ganz ohne Unfälle. Man hat den Eindruck, in diesem Chaos herrscht Ordnung. Jeder achtet auf sich selbst und beachtet den anderen. Wir fühlten uns in den bunten Luxus-Motorradkarossen gut aufgehoben.

Immer wieder stehen Motorradtaxis am Straßenrand, die von ihren Fahrern repariert werden. Jeder kennt sein eigenes Fahrzeug und kümmert sich selbst darum. Er hat es nicht nur nach seinen eigenen Vorstellungen, Bedürfnissen und mit den ihm zur Verfügung stehenden Mitteln ausgestattet, er weiß auch selbst am besten, wie er sein Fahrzeug in Schwung bringt. Was für eine wunderbare Metapher für unseren Körper und unsere Mitmenschen.

Wir nächtigten in der „Casa Fitzcarraldo". Der Filmproduzent Walter hat das Haus zu Beginn der 1980er-Jahre als Unterkunft für die Schauspieler des gleichnamigen Films gebaut und lebt noch immer dort. Nun führt er es als Herberge. Fotos von Klaus Kinski, Mick Jagger und Claudia Cardinale zieren die Wände der Bar. Margit war fasziniert von den verschiedenen Welten, die sich an diesem Ort vermischten. Der Schweizer Produzent eines der monumentalsten Filme der Geschichte hielt statt der Hauskatze einen Ozelot, beim E-Mail-Schreiben trug er einen Taekwondo-Mantel und er erzählte unglaubliche Geschichten über seine Zusammenarbeit mit Werner Herzog und das Leben im Urwald. Doch auch er war sprachlos, als wir ihm erzählten, wir wären am Tag zuvor noch in Patagonien gewesen.

Wir blieben einen Tag in Iquitos. Die Stadt liegt am Oberlauf des Amazonas, der von unzähligen breiten Flüssen gespeist wird und eine unglaubliche Artenvielfalt an Lebewesen birgt. Sogar rosarote Delfine schwimmen darin! Wenn sich so viele Tiere dort wohlfühlen, dann muss das doch ein guter Platz zum Leben sein. Die verschiedensten Früchte und Berge an Fischen türmen sich am Markt. Alles wächst, ohne viel dazu beitragen zu müssen. Es herrscht Fülle.

In der Fülle zu leben bedeutet, die Fülle zu erkennen und zu nehmen, was wir für uns brauchen, ohne ständig nach mehr zu streben. Wann bin ich reich? Reich zu sein heißt, wenn ich mich jeden Augenblick an dem erfreue, was ich habe. Ich lege den Fokus nicht auf das, was ich will, sondern auf das, was ich habe. Die Fülle zu erkennen, die Fülle zu leben ist in jedem Augenblick möglich, im Regen genauso wie im Sonnenschein.

Das Schnellboot pflügte sich durch die Wassermassen des Amazonas. Wir hatten uns die Reise am Amazonas etwas anders vorgestellt. Das Schnellboot glich einem engen Bus, in dem wir uns nicht bewegen konnten. Während der Amazonas gemächlich dahinfloss, rasten wir neun Stunden lang in Richtung Kolumbien. Der Fluss war weit, das Boot eng. Wir bereisten innerhalb weniger Wochen den ganzen Kontinent. Die Menschen in den Amazonasdörfern leben hingegen ein scheinbar gemächliches Leben und verlassen ihre Heimatdörfer kaum.

Spielende Kinder laufen jedes Mal aufgeregt und voller Erwartung zum Ufer, wenn das Boot anlegt, um Vorräte abzuliefern oder jemanden aussteigen zu lassen. Die Frauen waschen die Wäsche im Fluss. Der Amazonas ist Kommunikationsweg, Transportweg, Lebensraum, Wohnzimmer, Spielplatz und Badewanne. Wir beobachteten, dass die Menschen trotz der einfachen Lebensumstände Wert auf chinesische Markenkleidung, coole Sonnenbrillen und moderne Mobiltelefone legten.

Der Reisende, der Fremde bringt etwas, aber er nimmt auch für sich wieder etwas mit. Es geschieht ein Austausch, bewusst oder unbewusst. Aus dem Austausch entsteht Neues. In der Vermischung erwachsen andere Lebensformen. Die Pflanze verändert ihren Wurzelballen im Lauf der Zeit. Manche Wurzeln bleiben, andere machen den Wurzeln der neuen Pflanze Raum und sterben ab.

Es ist eine Menschheit. Die verschiedenen Lebensweisen sind in den unterschiedlichen Lebensräumen und Situationen entstanden. Erst durch die aufeinanderprallenden Gegensätze entsteht eine Schöpfungsdynamik.

Im Boot reisten Peruaner, Kolumbianer, Brasilianer und einige Touristen zum Dreiländereck von Peru, Kolumbien und Brasilien. Wir gingen in Leticia, einem kleinen Städtchen in Kolumbien, an Land.

Wir waren bereits seit fünf Uhr früh unterwegs und müde von der langen Fahrt in dem engen Boot. Doch Leticia wirkte wenig einladend. Wir fanden heraus, dass in wenigen Stunden noch ein paar Plätze in der Maschine nach Bogotá frei wären. Der Flug am nächsten Tag hätte nur die Hälfte gekostet. Und jetzt? Sollten wir bleiben, gemütlich essen gehen und uns vor der Weiterreise noch ausruhen oder gleich weiterziehen?

In einem Zustand der Erschöpfung fällt es nicht leicht, eine Entscheidung zu treffen. In diesem Moment, in dem keiner über seine volle Kraft verfügte, war auch niemand in der Lage, die Führungsrolle zu übernehmen. Jeder Einzelne von uns traf für sich in dieser Situation die Entscheidung. Es wurde ruhig in der Gruppe. Dann teilte einer nach dem anderen seinen Entschluss mit. Viermal Bogotá!

Zurück am Schalter, erklärte die Señorita, dass der Flugpreis sich in den 20 Minuten der Entscheidungsfindung verdoppelt hatte. Schon standen wir vor einer neuen Situation und der nächsten Entscheidung. Sollten wir zu unserer Entscheidung stehen oder den scheinbaren Widerstand der veränderten Umstände als Zeichen deuten? Jetzt übernahm Martin die Führung. Er erklärte, dass er nach Bogotá wollte und uns einlud.

Oft hängt die Entscheidungskraft an einer Person, egal ob derjenige, der sich in der Führungsposition befindet, gerade imstande ist, die Verantwortung für die Gruppe, die Familie, die Firma zu tragen. Wenn jeder seine Position erkennt und einnimmt, kann auch jeder für sich die Verantwortung übernehmen. Erst daraus entsteht die Freiheit des Einzelnen.

Solares Phänomen – gesehen im Zentrum von Bogotá

Um Mitternacht landeten wir in Bogotá. Am darauf folgenden Tag erkundeten wir das Zentrum der Stadt. Dabei fiel uns auf, dass auf der Straße keine Autos unterwegs waren, sondern Fußgänger, Radfahrer und spielende Kinder. Ein Bürgermeister hatte einige Jahre davor ein neues Verkehrskonzept in der Stadt durchgesetzt. Dabei wurden jeden Sonntag zirka 200 Kilometer der Hauptstraßen im Zentrum für Fußgänger und Radfahrer gesperrt. Ganze Familien waren deshalb unterwegs, die Straße wurde zum Ort der Begegnung und zum Spielplatz. Straßenverkäufer schoben ihre kleinen Imbisswagen durch die Stadt und lockten mit gegrillten Maiskolben, frisch gepressten Säften und vielerlei tropischen Früchten, in mundgerechte Stücke geschnitten, von denen wir noch Monate später schwärmten. Auf dem Hauptplatz vor der Kathedrale herrschte Jahrmarktstimmung. Wir wussten nicht, wohin wir zuerst schauen sollten. Kinder fuhren auf Rollschuhen kreuz und quer.

Aufgrund des langjährigen Konflikts zwischen Paramilitärs, Staat und Guerilla waren Militär- und Polizeibeamte selbst mitten in der Hauptstadt allgegenwärtig. Auf einer Häuserzeile hing ein großes rotes Plakat mit der Aufschrift „Armar o amar?" – Sich bewaffnen oder lieben?

Daniela machte uns aufmerksam, in den Himmel zu sehen, wo sich uns ein einzigartiges Schauspiel bot: Rund um die Sonne hatte sich ein kreisförmiger Regenbogen gebildet. Ein zweiter überlappender Kreis formte sich daneben. Gebannt schauten wir auf das Sonnenphänomen und auch ringsum blickten immer mehr Menschen nach oben. Das geschäftige Leben auf dem Hauptplatz der Stadt kam fast zum Erliegen. Eine Wolke wanderte ins Zentrum des Kreises, verdeckte die Sonne und ließ den Regenbogen frei. Es sah aus wie der Erdball mit einem einzigen großen Kontinent, auf dem sich alles vereint. Schließlich flog auch noch eine Taube über den Himmel in den Kreis hinein, gleich einer Friedenstaube.

Das Ende der Reise näherte sich und es schien, als ob sich all unsere Eindrücke, Begegnungen und Empfindungen in diesem einen Moment am Himmel widerspiegelten.

Nachwort und Vorwort

Wir haben eingangs geschrieben, dass wir dieses Buch erleben. Was bedeutet es, das Buch zu erleben?

Ich sitze vor einem weißen Bildschirm und schreibe die ersten Zeilen. Wort für Wort reiht sich aneinander, es bilden sich Sätze und schließlich Kapitel. Wenige Tage später haben diese Sätze keine Gültigkeit mehr und werden gestrichen. Wir wollten dieses Buch wahrhaftig schreiben. Die Personen, die wir in der Zeit des Schreibens trafen, haben in uns Gefühle ausgelöst, und wir haben bei ihnen Gefühle ausgelöst. Die Gefühle verändern sich. Alles verändert sich. Ständig. Wie können wir wahrhaftig sein, wenn das, was wir heute denken, morgen vielleicht keine Gültigkeit mehr hat? Wenn das, was wir jetzt erleben, morgen schon eine andere Bedeutung hat?

Vieles, was uns bewegt, hat nicht nur mit uns allein zu tun. Es betrifft die Menschheit mit all ihren Facetten, mit ihren unterschiedlichen Auffassungen, die gar nicht so unterschiedlich sind, wie es oft auf den ersten Blick scheint. Wir fühlen uns aus unserer Rolle gedrängt, wenn wir die Rolle, die wir leben, nicht mit unserer eigenen Natur verbinden.

Das Buch ist Klarheit. Es wird erLEBT.

Das Geschriebene wurde auf die Emotionsebene transportiert, und so haben wir unsere Erkenntnisreisen noch einmal erlebt, oder gar mehrmals, auf der persönlichen Ebene, der zwischenmenschlichen Ebene und auf einer Ebene, die das Erlebte aus unterschiedlichen Blickwinkeln abwägt: Es ist ein ständiges Abwägen. Soll ich oder soll ich nicht? Soll ich ein Buch schreiben oder nicht? Macht es einen Sinn oder keinen Sinn? Ist das meine Wahrheit oder nicht? Ein ständiges Überprüfen der eigenen Wahrnehmung und der eigenen Wahrheit.

Das Buch lebt und du, lieber Leser, darfst mitleben. Du kannst dich mitnehmen lassen auf einen intensiven Abschnitt unserer Reise. Wir sind bereit. Die Segel sind gesetzt. Wir sind unterwegs auf unserem Lebensweg, auf dem sich der Wind ständig dreht. Es ist ein Satz, der dieses Buch zusammenfasst: ICH LEBE MICH! Jeden Augenblick, aufs Neue!

Von Gregor Sieböck und Martin Weber auch erhältlich:

„DER WELTENWANDERER GREGOR SIEBÖCK:
GLOBAL CHANGE – ZU FUSS UM DIE HALBE WELT"
286 Seiten, Tyrolia, 2010

„LEBE. JETZT!: INSPIRATIONEN EINES WELTENWANDERERS"
44 Seiten, Tyrolia, 2012

„DER MENSCH IM GLEICHGEWICHT:
GESUNDHEIT NEU GEDACHT MIT HERZ, LOGIK UND INTUITION"
199 Seiten, Ennsthaler, 2011

Leserinnen/Lesern dieses Buches könnten auch folgende bei uns erschienene Bücher gefallen:

Roland Düringer, Eugen Maria Schulak, Rahim Taghizadegan
„DAS ENDE DER WUT"
88 Seiten, gebunden, 2011

Uwe Böschemeyer
„MACHEN SIE SICH BITTE FREI"
224 Seiten, gebunden, 2012

Andreas Salcher
„ICH HABE ES NICHT GEWUSST"
256 Seiten, gebunden, 2012

Markus Hengstschläger
„DIE DURCHSCHNITTSFALLE"
188 Seiten, gebunden, 2012

Burkhard Ellegast
„DER WEG DES RABEN"
232 Seiten, gebunden, 2010

Manfred Stelzig
„WAS DIE SEELE GLÜCKLICH MACHT"
216 Seiten, gebunden, 2009

Traudi und Hugo Portisch
„DIE OLIVE UND WIR"
224 Seiten, gebunden, 2009

Umschlag und Ideen:
kratkys.net

PHILOSOPHIE UND LEIDENSCHAFT

Ecowin wurde 2003 als unabhängiger Verlag gegründet.

Wir konzentrieren uns auf spannende Autoren, die zu spannenden Themen und Entwicklungen unserer Welt einen Beitrag leisten.

Die Vielfalt der Meinungen sowie der Diskurs unter den Autoren und innerhalb des Verlags sind uns viel wichtiger als das Vertreten nur einer Denkweise.

Wir investieren in langfristige Beziehungen mit unseren Autoren, Herstellern und Buchhändlern.

Bis heute haben wir weder Verlagsförderung beantragt noch erhalten.

Als österreichischer Verlag produzieren wir von Beginn an ausschließlich umweltfreundlich* in Österreich.

Nichts ist für uns spannender als das nächste neue Buch.

HANNES STEINER
VERLEGER

*Wir freuen uns, dass die Druckerei Theiss unsere Bücher nach den Richtlinien des österreichischen Umweltzeichens herstellt. Sowohl die Materialien als auch die Produktion entsprechen dem hohen österreichischen Umweltstandard. Das Buch, das Sie in den Händen halten, ist auf FSC-zertifiziertem Papier gedruckt, mit Faden geheftet und von einem Naturpapier-Umschlag geschützt.